現代語訳

申楽《さるがく》談儀《だんぎ》

世阿弥からのメッセージ

著　観世元能
訳　水野聡

檜書店

『現代語訳　申楽談儀』への期待

表　きよし

世阿弥は『風姿花伝』を始めとする二十一種の伝書を現代にまで遺してくれた。その中で『申楽談儀』だけは世阿弥自身が書いたのではなく、息子の元能《もとよし》が折々に父の語ったことを書き留めたものである。芸の先輩に当たる人物の話から、謡に関する事、作品を作る時のポイントや座の決まり、世阿弥自身の霊験譚に至るまで内容は多岐にわたり、何よりも世阿弥の生の声が聞こえてくる感じがする伝書である。今日でも役者の芸談を読んだり聞いたりすると、長年の経験に裏打ちされた言葉は心に沁み込んで来るが、『申楽談儀』はそういった点でも『風姿花伝』とは違った面白さを持った伝書である。

その『申楽談儀』の現代語訳を出版するという話を檜書店から聞いた時、喜ばしいと思うと同時に、かなり大変なのではないかという不安を感じた。確かに『風姿花伝』の現代語訳はここ一・二年の間にも数種類の本が出版されているし、解説書の類も充実している。

一方『申楽談儀』を読もうと思っても、気軽に手に取ることのできる本はないのが現状である。岩波書店の日本思想大系『世阿弥　禅竹』（表章・加藤周一校注）は頭注や補注が充実しているもののかなり専門的で難しいし、新潮社の新潮日本古典集成『世阿弥芸術論集』（田中裕校注）は思想大系本よりは読みやすいが気軽に買える値段ではない。岩波文庫『申楽談儀』（表章校注）は時々復刊されるもののすぐに品切れになって入手困難である。『申楽談儀』の現代語訳が出版されれば、一般の読者にとって便利だろう。

しかし、世阿弥伝書の研究が進んだ今日でも『申楽談儀』には厄介な問題が多く残されている。例えば『申楽談儀』の本文には意味のよくわからない部分が存在する。そもそも『申楽談儀』は転写本しか残っておらず、元能自筆本は失われている。『申楽談儀』の奥書に元能が「御一見の後、火に焼きて給うべき者也」と記す通りに焼かれてしまったわけではなかろうが、今日まで伝来してくる過程で自筆本は姿を消してしまったのだ。転写本とは書き写した本のことだが、元能自筆本から転写し、さらにその本を転写するという作業を繰り返すうちに、写し間違えたりよくわからない部分を適当に写したりといったことが起こる。そのため『申楽談儀』には意味不明な部分や慎重な検討が必要な部分が生じているのである。またこうした古い写本には句読点がない上に仮名で書かれた部分が多いため、活字化するにあたって句読点を打ったり漢字を当てたりするのだが、これにも説が分かれているところがいくつも存在している。

もう一つ問題点を挙げると、元能が一般の読者のために『申楽談儀』を書いたのではないということがある。自分の能への思いが、けしていい加減なものではないことを示すため『申楽談儀』を書いたと奥書で元能は言うが、元能が想定した読者は世阿弥とその周辺の人物だけであった。読者はみな能の関係者になるから、専門用語や簡単な表現を用いても十分に意味が通じたのだろう。ところがそのような部分は現代の我々には何を言っているのか理解できない部分になってしまう。内容が多岐にわたるだけに様々な専門用語が出現して研究者を悩ませてきた伝書なのである。

このようにやっかいな問題を抱える伝書だけに、現代語訳するといっても簡単ではないし、意味が不明確な部分でも何らかの訳を書かなければならないのが現代語訳のつらいところでもある。そこに正面から挑んでいったのが水野聡氏である。水野氏は能の研究者ではないが、『申楽談儀』をしっかり読み込み、さまざまな研究書にも目を通して、意味を把握しにくい部分についても自らの感覚を働かせながら読み説いていった。その成果が本書である。私も水野氏の原稿に目を通し、近年の研究成果が反映されているかどうか確認する作業を担当させていただいた。「まえがき」に記されているとおり、水野氏は岩波文庫の『申楽談儀』をもとに現代語訳を作成してきた。岩波文庫本は昭和三十五年に表章氏校注で出版されたもので、その後十年に一度くらいのペースで復刊され、最近では平成二十五年に復刊されているが、内容にはほとんど手が入れられず今日に至っている。一方で表章氏は昭和四十九年に岩波書店から日本思想大系『世阿弥　禅竹』を出版し、二十一種の世阿弥伝書すべてがこれに収録された。こちらは平成七年に新装版が出た時など数度にわたり新しい説に基づいて本文や注釈に手を入れている。岩波文庫本が世に出てから五十数年の間に『申楽談儀』の研究はけっこう進展しているのだ。もちろん水野氏もその点には留意しているのだが、見落とされている説や現代語訳にうまく反映できていない説があった。そういった部分を私が点検・確認することにより、本書の成立に多少の協力をすることができたと思うものの、勉強不足で本書に生かすことのできなかった説が多く残されているだろうことを申し訳なく思っている。

本書の現代語訳には水野氏の感覚や思いが反映されている部分も多い。能楽研究者から異論が出ることも当然予想されるが、問題箇所については次の機会に手を入れていけばよいのではないか。何よりも、一般の能楽愛好者が手を出しにくかった『申楽談儀』が、このように読みやすい形で提供されたことを素直に喜びたい。『風姿花伝』とは異なる味わいと面白さを持つ『申楽談儀』を、この現代語訳を通して多くの方が楽しんでくださることを切に願っている。

まえがき

本書は、『世阿弥　申楽談儀』（表章校注　岩波文庫　一九六〇年）を底本とする、全文現代語訳です。原書名は『世子《ぜし》六十以後申楽談儀　秦元能聞書』となっています。

数多い世阿弥系伝書の中でも、能作法や舞台での実技、演出の要点、とりわけ世阿弥をはじめとする当代名役者の舞台をいきいきと伝えるという点で、他書にはみられない室町時代の能の実像を解明する唯一の書物といえましょう。

申楽談儀とは

『申楽談儀』は、世阿弥の芸話を実子、元能《もとよし》（二男ともされる）が長年筆録し、永享二年（一四三〇）元能自らの出家に際して、これらの記録を整理し父世阿弥に贈ったものとされています。

本書は世阿弥自身による著作ではなく、元能による聞き書きです。本来、聞き書き文であれば、段落末が「…となり」、「…と云々」と、三人称で語られるものですが、本書は大半が一人称で書かれ、話者が世阿弥なのか、元能なのか判然としません。また、聞き書きゆえか、用語・字句についても解読の困難なものが二、三にとどまらず、それらの解釈をめぐって今日にいたるも盛んに議論が続けられています。

にもかかわらず、本書は『風姿花伝』、『花鏡《かきょう》』とならんで、世阿弥系伝書の代表作とみられ、重んじられていることは間違いありません。その理由は、世阿弥にもっとも近しい肉親者による客観的伝聞であること、舞台の実例・具体例が豊富であること、能役者はもとより足利将軍家・朝廷公卿・上級武将から能面作者にいたるまで、様々な歴史的人物の面影を伝えていることなどによるもの、能の〝生きた史料〟としての価値の高さによるものといえましょう。

観世元能とは

世阿弥には子が何人かいたようですが、父から猿楽芸を継いだのは、元雅・元能の兄弟でした。従来、兄が十郎元雅、弟が七郎元能であるとされていましたが、今日の研究ではどちらが兄かは不明となっています。元雅が、永享四年（一四三二）に没した時、四十歳未満（『却来華』）と推測されることから、兄弟の元能は至徳〜応永年間（一三八四〜一四一一）頃の生まれであろうと考えられます。世阿弥出家以前、元能の能役者・作者としての活動は記録されていませんが、世阿弥より『三道』を相伝され、元雅とともに未来を嘱望されていたであろうことは想像に難くありません。しかし、先に述べたように永享二年、能を捨て、若い身ながら出家を決意。六代将軍義教《よしのり》による観世父子への迫害が原因ともいわれますが、その真相は不明です。また、元能出家後の消息もほとんど伝わっていませんが、父祖の芸を精進した証として『申楽談儀』が今日私たちに遺されました。

作品の案内

本書、『申楽談儀』は、本編・補遺・別本聞書の三つにより構成されています。

本編奥書で、元能は「右三十一ヵ条」としています。これは序の「遊楽の道」と「一忠」から「世子」までの段落、そして最後の「結崎座の規約　結崎座の定め」を除いた項目数です。すなわちこれらを含む、奥書までが当初世阿弥に贈られた『申楽談儀』本編に相当します。

奥書の後に書かれた「獅子舞の達人」、「喉の薬」、「式三番の決まり」の三ヵ条は、元能自身が後年追記した補遺であろうとみられています。

また、その後の「扇落しの手」以降の項目は、最初の朱書（これより巻末までは、「聞書」と題した…）により、聞き書きの別本であることが明瞭です。

補遺・別本聞書ともに、その内容・文体により、元能自身による後年の追加文であることはまず間違いありません。

『申楽談儀』の史料価値について能楽研究者表章氏は次のように評価しています。

同じ頃に書かれた世阿弥の伝書が、芸術論としての深まりを示してはいるものの、『風姿花伝』に見られた具体性を失っている憾みをも伴っているだけに、一方に具体的な申楽談儀が存在することの意義は大きい。（中略）世阿弥伝書と同様に、或はそれ以上に本書が世阿弥能楽論研究上重要視されているのは、何よりも記事が具体的であって、諸書の理論の裏付けに役立つからであり、人間世阿弥の姿が髣髴としていることも他書の比ではない。

また、中楽談儀が能芸の歴史的な研究の史料として貴重な価値をもつことは言うまでもあるまい。今日、能、あるいはそれに関連ある芸能の歴史についての常識となっていることで、本書が唯一の典拠となっている事例は枚挙にいとまなく、あらゆる記事が史料に活用されていると言っても過言ではないほどである。

（『世阿弥　申楽談儀』表章校注　岩波文庫　一九六〇年）

本編冒頭では、序文として『三道』、『風姿花伝』より引用し、猿楽役者の目指すべき正道が説かれます。

次に、「当道の先祖」として、一忠・喜阿弥・増阿弥・犬王・観阿弥、さらに世阿弥の略歴と芸風が、それぞれ紹介されています。

猿楽と田楽の新分野を、独自の美学と信念により開拓していった時代の名人たちの息吹をまざまざと感じ取れる貴重な証言です。

以下、本編三十一項目では、能の歴史、今日の各流起源伝説にはじまり、現存曲から、世阿弥以前の古曲、廃曲、改作曲にいたるまで、多くの能の名作について、原作者や演出の要点について、具体的、実践的に解き明かされていきます。

観世家の系譜（二十三．猿楽の諸座）や、観阿弥・世阿弥が作った名作能の一覧が紹介され、今日の能楽史研究の貴重な情報源となっていることがまず注目されます。しかしそれ以上に、元能の眼前で世阿弥が自ら謡い、かつ舞って指導する姿を髣髴《ほうふつ》とさせる、能芸伝授のくだりはとりわけ興味深い記録ではないでしょうか。

静かな夜、父世阿弥が謡う〈砧〉を聞いた。

「かような能の味わいを、後の世にも知る人はあるまい。書き残すのも億劫に覚える」

と語った。

「なぜにといえば、無上・無味に達した曲はもはや味わうことなどできぬから。この深さを筆に留めようと思っても言葉は見当たらぬ。汝らの位が上がればいつか悟る日も来るかもしれぬが」

と諭されたゆえ、聞き書きもできなかったというわけだ。

（序　・世子）

〈隅田川の能〉で、

「塚の中の子供はいないほうがより面白く演じられよう。この能では生きている子供は見つからず、亡霊である。とくにその本意を手がかりにせよ」

と父世阿弥はいったが、元雅（世阿弥の子）は、

「とても私にはできません」

と答えたのである。これに世阿弥は、

「こうしたことは演じてみて良かった結果に従うがよい。演じぬ内から決められまい」

と諭したものだ。

（三．演技はすべて心根）


世阿弥が自らの能に積極的に取り入れた猿楽先達の芸、そして先行芸能の数々、田楽・松囃子・白拍子・曲舞・早歌などについても、今日失われてしまった芸態がいきいきと再現されており、中世芸能史における『申楽談儀』の高い史料価値を裏付けています。

〈念仏の猿楽〉で見せた犬王の鬼気迫る舞台（序・犬王）、他座の役者たちと世阿弥による、立合い勝負（三．演技はすべて心根）の現場など、まるで数百年前の名人たちの名舞台が今私たちの眼前に繰り広げられているように感じます。

世阿弥の各伝書の中で説かれる「かかり」「位」「心根」などの抽象概念が、一曲一曲の実際に即して具体的にその応用方法が示されます。これらは今日芸の秘伝とされるものですが、まさに一子相伝、芸の深奥に触れる瞬間を体感できます。

世阿弥は、かかりのない能も演者の力量次第でかかりのないかかりとなってむしろ面白いと説き（二．万事かかりなり）、似せようとしても、もはや似せられない面白い芸位こそ最上のもの、と教え、導くのです（四．どっという位）。

十七．勧進能の舞台と翁の事、二十二．能面では、能面作者、〈翁〉、興福寺薪能など、能の始源を解き明かす中世芸能の実像をいきいきと伝えてくれます。

本編のしめくくりとして、観阿弥による結崎（観世）座の規約と元能の奥書が置かれ、『申楽談儀』は完成しました。

＊＊＊

明治四十二年（一九〇九）、吉田東伍氏『世阿弥十六部集』発刊以来、世阿弥の伝書は『風姿花伝』を筆頭にその多くが研究、翻訳、発刊されてきました。しかし、世阿弥直伝の書ではないためか、『申楽談儀』については今までさほど多く語られてきたとはいえません。

能の歴史や世阿弥理論の実践を伝えるという以上に、〝人間世阿弥〟等身大のたたずまいをこれほど臨場感をもって伝える書はかつて存在したでしょうか。研究者、能楽愛好家、関係者のみならず、広く日本文化と芸術に関心のあるすべての方にお届けしたい、との思いで現代語訳に挑戦しました。

国士舘大学の表きよし教授には、能楽史研究の専門的見地から全般にわたってアドバイスをいただきました。檜書店の檜常正氏、小林久子氏には、企画から刊行まで長きにわたって全面的、継続的に強いご支援をいただきました。関係の皆様へ、深く感謝いたします。

平成二十七年　　水野　聡

凡例

一．本書は、『世阿弥　中楽談儀』（岩波文庫）を底本とする全文現代語訳である。章立て、見出し、段落構成は、原文にはないが、すべて底本に準じた。

一．訳出方針は、原則として直訳である。が、現代の読者がすらすらと読解できるように、厳密な逐語訳ではなく、自然な現代文をめざし最小限の文章調整を加えている。

一．『風姿花伝』…のように、書名は『　』で記した。

〈自然居士〉…のように、能や謡物等の作品名は〈　〉で記した。

作品名の表記は流儀によって異なる場合があるが、多数が採用している表記によった。

〔待つ〕〔持つ〕…のように、一般語とは異なる意味をもつ能の特殊な用語は〔　〕で記した。

一．原注は、原則小文字の【　】で本文内該当箇所に置いた。しかし通読の便宜上本文内に入れたものもある。

一．訳注は、訳注番号を付し、巻末にまとめているが、読解の助けとしてその場に置いた方がよいと思われたもののみ（　）で本文内に補足している。

一．注で現在の演技に言及する場合、観世流をもとにしている。

目次

『現代語訳　申楽談儀』への期待　表きよし――001
まえがき――006

序
・遊楽の道――022
・一忠――024
・喜阿――026
・増阿――028
・犬王――029
・観阿――032
・世子――035

一　能の決まり――038
二　万事かかりなり――041

三、演技はすべて心根——044
四、どっという位——052
五、声の事——053
六、謡の事——054
七、祝言の謡——056
八、曲舞の謡——059
九、謡のかかり——062
十、文字訛、節訛——065
十一、拍子の事——068
十二、謡の心根——071
十三、謡の位——080
十四、能作法　一——083
十五、能作法　二——087
十六、能作法　三——093

十七．勧進能の舞台と翁の事——097
十八．能のいろどり——102
十九．額の長い面——108
二十．笛と狂言の名人——109
二十一．田舎の芸風——111
二十二．能面——119
二十三．猿楽の諸座——122
二十四．世阿弥と霊夢——127
二十五．田楽の事——130
二十六．松囃子の事——131
二十七．薪のご神事——132
二十八．永享元年の興福寺能——133
二十九．猿楽役者日常の心得——134
三十．稽古の順序——137

三十一．神事への奉仕——138
付載　結崎座の規約
・結崎座の定め——139
奥書——144
補遺——147
別本聞書
・扇落しの手——149
・音曲の文字扱い——150
・声の律呂——150
・天女の事——151
・猿楽道の先達や増阿弥などの短所について——152
Endnotes——156
世阿弥略年譜——186
参考資料——189

世子六十以後申楽談儀

世子六十以後申楽談儀　秦元能聞書[1]

序

・遊楽の道

遊楽《ゆうがく》[2]の道はすべて物まね[3]より成るとはいいながら、申楽《さるがく》[4]は神楽《かぐら》をもととする[5]ゆえ、舞と歌の二曲[6]を大本とすべきである。まず申楽の舞の代表として何を取り上げるかといえば、この道の根本たる〈翁〉の舞があげられよう。次に謡の根本はといえば、〈翁〉の神歌《かみうた》となろうか。

「志を述べることを歌という[7]」と古よりいっている。歌は万曲の源なのだ。しかれば舞と歌の二曲をいまだ身につけぬ者をどうして完全で理想の演者といえよう。

『三道《さんどう》[8]』では、

「上果《じょうか》の位《くらい》[9]とは、舞歌《ぶが》と幽玄を本質として、三体[10]いずれにも通じるもの。今も昔も役者それぞれの得意芸は様々であるが、至芸によって息が長く、かつ天下に名声を得る演者は、幽玄の花を離れることはない。軍体の能や砕動風《さいどうふう》の鬼[11]の芸をもっぱらとする役者は、一時注目されたとしても世にあまねく名声を得ることはない」

とある。また、『風姿花伝[12]』には、

「大和《やまと》申楽、近江《おうみ》申楽、田楽《でんがく》ではそれぞれ芸風が異なっている。しかし真実の上手《じょうず》は、いずれの芸風をももれなく演ずることができる。並みの役者は一種類の芸ばかりで、十体[13]にわたる、ということを知らず、また他芸を嫌うもの。

芸風や所作は人それぞれといいながら、観客の目に面白い、と映る花は、大和であれ近

江であれ田楽であれ、いずれの芸にもあまねく咲くものである」

「とりわけ当芸では、大衆に愛されることで、一座を建立し[14]寿福《じゅふく》を招くものだから、時に従い、所によって目の利かぬ観客をも感動させるのだ。それが寿福となる」

ともいう。

稽古は舞と歌の根本よりはじめ、次第次第に芸を覚えていくべき。そもそもわれは[15]鬼の芸など習ったことはないのだ。二曲三体の稽古を積み、舞台経験を重ねた後、それらの芸の余韻によって今の鬼を演じているだけのこと。また名を得て久しいが、狂い能[16]なども演じたことはない、といった。

• 一忠[17]

一忠《いっちゅう》【田楽】、清次《きよつぐ》[18]【法名観阿】、犬王《いぬおう》[19]【法名道阿】、喜阿《きあ》[20]。かれらは当道の先祖というべきであろう。

一忠を観阿は、「わが芸風の師なり」といった。道阿も一忠を模範としていたのである。一忠の舞台を世阿弥[21]は見ていない。が、京極道誉《きょうごくどうよ》[22]、海老名の南阿弥陀仏《なあみだぶつ》[23]などの話から推し量っている。しゃくめいたる[24]役者であったが、それは田楽能ゆえであろう。

およそ田楽の芸では、舞は舞、謡は謡として演じる。役者が並んで、まっすぐに謡うのである。役者が入れ替わっては、鼓を「や、ていてい」と打ち、とんぼ返りなどして着々と進行し、さっと袖に退くのである。鹿苑院《ろくおんいん》殿[25]は、

「高法師[26]【松夜叉】は下手ではあるが、いかにも田楽らしい役者である」

と、評されたもの。

・喜阿

喜阿は、謡の先祖である。近江日吉《ひえ》座[27]の牛熊《うしくま》[28]の謡を真似たらしい。謡を主とする能を専らにした。後年には、しづや[29]が、喜阿が謡う部分を代わりに謡ったとされる。喜阿は、五位[30]に当てはめれば、まさに声風の位を得た人。九位[31]でいえば、寵深花風《ちょうしんかふう》[32]に達した役者であった。最上位の妙の位[33]は言葉では言い表せない境地である。この上三花《じょうさんか》[34]に達した喜阿の芸にも妙は自然に宿っていたのではないか。

世阿弥十二歳の年、南都法雲院にて、喜阿の装束賜《たば》りの能[35]があった。どのような謡が聞けるものかと訪ねてみると、喜阿は老人の扮装に麻の仮髪をつけた直面《ひためん》[36]である。「昔は京洛《けいらく》の花やかなりし身なれども[37]」の一節をなんのてらいもなく真っ直ぐ朗々と謡ったもの。この謡を耳にとどめ、後によくよく味わい返せば、ことさら面白く感じられたものである。

〈炭焼きの能[38]〉では、麻の仮髪を頭頂で折り返して結わい、現在増阿が使用している尉面《じょう》を淡色で彩ってつけ、練貫《ねりぬき》に水衣《みずごろも》、玉だすきをかけ、薪を背負い杖をついて現れた。橋掛りの中ほどで一つ咳払いし、

「あれなる山人は荷が軽きか、家路に急ぐか、嵐の寒さにとく行くか。同じ山に住まば同じかざしの木を伐れとこそいふに、とく行くか。かさなる山のこずえより」

と一声《いっせい》[39]に移りゆく様子は、まさに妙手。胡銅《こどう》の唐物道具を見るようであった。

さて、かの南都装束賜りの能の頃より、喜阿は声を損じはじめたとか。ほんのひとまとまりの謡も謡い続けることができぬ。声が続かず、しづやに中継ぎで謡わせ、またその後をそっとつけた。

「吹く風の荒磯に[40]」としづやに謡わせて、「に」からつけて謡ったという。その天賦の才能は昔の名人の中でもひときわ抜きん出ていたのである。

・増阿[41]

今の増阿《ぞうあ》の芸位は、能も謡も閑花風《かんかふう》[42]に達していようか。能が支える謡、謡が後推《あとお》しする能である。南都東北院にて増阿の立合い[43]をみた。

東より西へと舞台を大きく巡り、ただ扇の先の動きだけで、そっと一曲を舞い納めたのだ。この至芸には、ただ感涙が流れ落ちるばかりであった。こうした芸に目を留める客がいないため、芸の修行も甲斐がない、と語ったものである。

さりながら上々の効果を生む芸が、人の目や耳に訴えぬはずはない。「増阿の立合いは、他の誰にも真似はできぬ」などという人もある。

〈尺八の能[44]〉では、尺八を一節吹き鳴らしては、さらさらと謡い、なんの所作もなくさっと幕に入った。冷えに冷えた芸であった。

増阿は田楽芸のみの役者ではない。いずれの芸であってもこなせた。他の者と立ち並んで謡う姿、炭焼きに扮装し、薪を背負ったたたずまいは、まさに田楽役者ではあったが。

・犬王

犬王《いぬおう》は、上三花の位にあたり、どのような場合も中上《ちゅうじょう》[45]にさえ落ちることはない。中位・下位などとは無縁の役者である。しかし謡だけでいえば中位の上あたりであろうか。

〈葵上の能〉では、車に乗り、柳裏の衣をたっぷり裾長に着付けて登場した。車に付き添う侍女役の岩松[46]が轅《ながえ》にすがる。橋掛りにて、

「三《み》つの車に法《のり》の道。火宅の門《かど》をや出でぬらん。夕顔の宿の破《や》れ車、やる方な」

と一声を謡いつつ、舞台へ進みながら声量ゆたかに謡い流していく。

「憂《う》き世は牛の小車《おぐるま》の、憂き世は牛の小車の、廻《めぐ》るや」

の次第《しだい》[47]では、「おぐるまの」の「まの」を張って謡い、謡い納める時に、とんと拍子を踏んだ。

後シテの生霊では、とよ[48]が扮する山伏に祈り伏せられる。山伏へきっと振り返る身使いや小袖の扱いは、えもいわれぬものであった。

天女の舞[49]では、さらりさっさっと大空を飛ぶ鳥が、ただ風に身を任せているように舞ったもの。金泥《こんでい》の経巻を脇の為手《して》[50]に渡し、その引いた手から舞い出すのである。段のはじめ頃は、さほど扇を左手に持ち代えることはなかった。が、幕入り近く、「何の何して」と謡に合わせる部分になると扇を左に取って大きく輪を描くように回ったものだ。いったいこの型にどのような意図があるのか訝《いぶか》しく思った。上花の役者ならではの破格の格というべきであろうが、これを今の役者どもがみな面白いと感じて真似ている。帯を緩めることばかり真似て、帯をきっちり締めることを知りもせぬ輩《やから》である。

〈念仏の猿楽[51]〉では、練貫を一かさね前を合わせて着け、墨染めの絹の衣に、長々とした花帽子を目深にかぶって出たが、これは面白い出で立ちである。

あたかも楽屋より唱え続けてきたかのように、大勢の人の中から念仏を唱えて現れる。途切れなく、一心不乱に「南無阿弥陀仏」と唱え、鉦鼓《しょうこ》をりんりんと二、三度、拍子を無視して打ち叩き、左右の手を合わせて古風な合掌をしたのである。

口の中でぶつぶつと「南無阿弥陀仏」を一心不乱に、本当に舞台を忘れてでもいるかのごとく唱え、あなたへゆらり、こなたへゆらりと立ちさまよう面影が、今もありありと目に映るようである。

〈もりかたの猿楽[52]〉では、犬王が台に腰掛け経を読んでいた。そこへ妻と母が来て、二人が、「いかに」と問いかけると、まず母をしばし見つめ続け、顔を戻す瞬間に目の隅で妻をそっと見、面を伏せた。これは面白い心遣いであると、当時評判になったものである。

また、〈こは子にてなきと云う猿楽[53]〉では、「さあ、早く行ってしまいなさい」という場面で、目の動きで心遣いを示したが、これも同様に賞賛されたのであった。

近江猿楽の芸風は、思いがけなく立ち止まって、観客を「あっ」といわせるところなど露も心にかけず、あふれだすほど豊かな風情を根本としたものであった。終曲には役者全員が立って謡い、さっと幕に入るのだ。理想的芸風の道阿が演じてこそ、こうした芸も自然と面白いのであるが、今の近江の役者は、その境地に至らずしていたずらに道阿風をなぞるゆえ、謡も所作も間延びし、退屈なだけである。

近江の芸はこのようなものである。

近江の脇の為手は、とよ。実直な役者である。芸のツボをきちんと押えた演技であった。シテにぴたりと息の合った脇の為手なら、岩松。時々は牛熊がワキを演じたものである。

・観阿[54]

この道の先祖の一人が、観阿である。〈静が舞の能[55]〉、〈嵯峨の大念仏の女物狂の能[56]〉などで、とりわけ名声を得た幽玄至上の芸である、と『風姿花伝』にも見える。

上三花[57]の頂上を極めても道を平らにし、中三位[58]に上っても道を開き、また下三位[59]に下り、塵にも交わった役者は、後にも先にも観阿ただ一人であろう。〈住吉の遷宮の能[60]〉では、悪尉《あくじょう》の面に立烏帽子《たてえぼし》を着け、鹿杖《かせづえ》にすがって幕を打ち上げて出た。橋掛りでの謡の勢い、ロンギ[61]の謡い出し、また、「紀の有常がむすめと顕はすは尉がひがごと」などの文句の詰め開きなどは、他の役者のとても及ばぬものであった。

観阿は大きな男であったが、女の能では細々と見え、〈自然居士《じねんこじ》〉などで黒頭《くろがしら》を着けて高座に座れば、十二、三の少年にも見えた。「それ一代の教法[62]」より、緩急自在に謡い続ける芸に、当時鹿苑院殿は世阿弥に、

「子の汝《なんじ》が親の小股をすくおうとしても、ここはかなうまい」

と御感のあまり軽口を仰ったということだ。いずれの曲であっても曲舞《くせまい》風の謡に変えた[63]芸はもはや神技であった。

また、強々とした鬼の能、〈融《とおる》の大臣《おとど》の能[64]〉で、鬼に変じて大臣を襲う場面では、ゆらりと動きだし、きっと止めては大きく見せた。砕動風の鬼[65]では、ほろりと和らげる演技を見せたもの。

〈草刈の能[66]〉では、「この馬はただ今飢え死に候べきや」より、故事を引き「騅《すい》逝かず、騅逝かず」などとつなげ、「ここは忍ぶの草枕[67]」と謡い出し、目遣いをしてさっと幕に入った。この道においては、たとえそれが天より下った者であろうとも、観阿の芸域には及ぶまい、と思われたものだ。

その頃の脇の為手には十二三郎、助九郎[68]がいた。十二六郎はまだ若手で地謡を担当していたものだ。狂言役者には大槌《おおつち》[69]がいた。

以上、先達の芸をおおよそ聞いたままに記し置く。これら先人の芸をすべて兼ね合せて、世阿弥は幅広い芸を創造したが、観阿が築いた芸域に、新たに付け加えたものは何もなかったのだ。

・世子[70]

静かな夜、父世阿弥が謡う〈砧〉を聞いた。

「かような能の味わいを、後の世にも知る人はあるまい。書き残すのも億劫に覚える」

と語った。

「なぜにといえば、無上・無味に達した曲はもはや味わうことなどできぬから。この深さを筆に留めようと思っても言葉は見当たらぬ。汝らの位が上がればいつか悟る日も来るかもしれぬが」

と諭《さと》されたゆえ、聞き書きもできなかったというわけだ。しかし、

「たとえば〈浮舟〉、〈松風村雨の能[71]〉などに通じる味わいを無上のものと心得よ」

と教えられた。

増阿が世阿弥の能を評してこのようにいった。

「有難や和光守護の日の光。ゆたかに照らすあめが下[72]と、たっぷり謡い通す芸は犬王に似ている。〈蟻通《ありどおし》〉の最初から終わりまで、まさに喜阿を見るがごとき。身づくろいして専門の曲舞のごとく舞う姿は、観阿そのものであった」。

「蟻通とも[73]思ふべきかはとは、あら面白の御歌や」、「これ六道の巷《ちまた》に定めおいて、六つの色を見するなり」、「何となく宮寺なんどは、深夜の鐘の声、御燈の光などにこそ」、「ともし灯もなく、すずしめの声も聞こえず」。以上の部分はみな喜阿風の謡であった。

「神は宜禰《きね》が習はし」ときっぱり謡い、「宮守ひとりも」などの「ひ」の音は詰めて「ひっ」と発音したものである。

「松の木柱に竹の垣、夜寒さこそと思へども[74]」の謡い方もすべて喜阿風であった。

〈鵜飼〉の前場の謡はとりわけ観阿ゆずりの謡い方であった。唇で軽々と謡うのが観阿の特徴である。この能ははじめより終わりまで闌《たけ》たる謡[75]である。「面白のありさまや」からの一段落のみが同吟。後場の鬼も観阿の〈融の大臣の能〉の鬼を真似た演技であった。

これら鬼の演じ方は昔の馬の四郎[76]の鬼がもとである。観阿もこの者を真似たという。さらりきびきびとして、大きくゆらめくような演じ方である。父世阿弥は、光太郎《みつたろう》[77]の鬼はついぞ見なかったという。しかし古老の話によれば、死んだはずの鬼がよみがえる、細かに体を使った能であったらしい。観阿作〈たらうの能[78]〉で、観阿がワキを演じ、世阿弥がシテをつとめたが、姿を隠し、また現れる芸により、「光太郎を見るようである」と評価されたものだ。この〈たらうの能〉が、父世阿弥の狂い働く鬼の能、初演であった。

一・能の決まり

能の決まりをわきまえるべし。

立合いは何人出ようとも、みな同じ型で舞うべきである。それでこそ立合いの意味があるのだ。その役者の一人が強い所作をする。「都良香《とらうきょう》もろともに[79]」という場面などで一人の役者がそのように動くが、これは三度ある。三度目は、扇を開き右手に持ち、両腕を開いて舞台正先へ「や、や」といいながら踏み込むのだ。両袖を打ち込んで、左右へさっさっと捨てる。これが昔の一つの型であった。曲舞《くせまい》の序[80]にも強い所作がある。句末を長々と引いて謡う時に、えいえいと身遣いをして見せる。

序は序の位で舞い、責めは責めとして緩急をつけて演ずること、能の決まりである。「剣樹《けんじゅ》ともに解《げ》すとかや、石割地獄《せきかつ》の[81]」で、きっと低くなって、小刻みに足を運ぶ。このように詰めては開き、開いては詰め、「火燥足裏《かそうあなうら》を焼く」ですでに型も尽き、いかんともし難いところでは、後ろへ自然と下がり、きりりきりりと小回りをする。「飢えては鉄丸《てつがん》を呑み」まで、じっと待ち、得たり、と扇を左に持ち直し、打ち込み開き、力強く舞台を一巡するのだ。

このように道に従い、型を身につけ、演ずべき時機が決まっているのだが、ただその型が面白い、といっていまだ手も尽きぬうちにくるりくるりと回る者がある。あさましいというほかない。

座敷で舞を舞う場合は、念入りに序破急[82]をわきまえねばならぬ。座敷に従い序の雰囲気で謡い出したなら、序で舞うべし。しかし急の雰囲気の時に舞を所望されたなら、急の手で舞うことだ。ここで序の位にこだわれば、間が悪い。酒宴たけなわの折、にわかに申し付けられた能では、貴人の気分を奉ずべきこと、かくのごとし。

二人の役者が召されることもある。稚児が舞った後、同じように舞わねばならぬ時、重なりということを心得るべきである。稚児を無視して舞ったなら、大人気なく見えよう。稚児の舞全体を序としてとらえ、自らは破の終わりの感じをほんの少し心根[83]に加えて、急の部分をそっと舞って終えるべし。

増阿が見せた扇落しの手というものがある。わざと扇を取り落とし、左右の狩衣の袖の露[84]を取り、両手を合せて拾う型。道阿もこれを見物していたものだ。世阿弥の家にこれはない。能の決まった型ではないのだ。【しかし口伝[85]があろう。】

膝をついてくるりと回る、膝返りの型。ふさわしい型どころにはよいかも知れぬが、それ以外ではむやみに見せるものではない。〈丹後物狂[86]〉に、鞨鼓《かっこ》[87]を取る場面がある。地面に置かれたものゆえ、下に膝をついて取り、くるりと回る。こうした場面で似合うのである。

二　万事かかりなり

能では万事、かかり[88]が大切である。一見、かかりのないような演技も、むしろそれがかかりと感じられ、面白いものだ。かかりさえしっかりしていれば、欠点はさほど目につくまい。美しくさえあれば、技は未熟でも問題はない。むしろ、かかりがなく技巧を尽くした演技は、かえって劣って見えるものである。

舞の最中にそっと面《おもて》を使う[89]ことで効果が生まれる。左へ使うことはまずない。右へさりげなく面を使うのである。五七五七の句ごとにものを見る型をするとよい。

〈松風村雨の能[90]〉で、「わがあと弔《と》ひてたび給へ」のところより、ワキへ近寄ったなら演技が間延びしてしまう。「わがあと弔ひて」まではぐっとこらえて、「いとま申して」で寄り、「帰る」で実際に帰れば面白いものである。「松風ばかりや残るらん」では、「残る」から帰るゆえ面白くない。「らん」でようやく帰るのだ。ことにこうしたところは、思いと型が相応せねば感動を呼び起こせるものではない。

〈姥捨の能〉の「月に見ゆるも恥ずかしや」。ここでは〝路中に金を拾う[91]〟ことができる。そもそも猿楽は、観客の遠見《えんけん》[92]をもととするもの。役者は悠々と余情たっぷりに演ずるべし。それにもかかわらず、「月に見ゆるも恥ずかしや」と、相手からわが顔を扇で隠し、月を見ようともせず、縮こまった姿をして見せるなど見苦しいばかりである。「月に見ゆるも」と扇を高々とかかげ、月からわが顔を隠す心を主として相手の顔は視線の隅でとらえ、おぼろげな演技で舞い終えるなら、面白い演技となろう。

〈高野《こうや》の能[93]〉の「いつかさて、たずぬる人を」では軽くさらさらと謡うべし。とくにここは遅く謡えば、かかりが間延びする。

〈丹後物狂〉の「思ふこと思ふこと、なくてや見ましよざの海の[94]」は、悠々とした謡で所作を彩るところである。性急に謡うゆえ、シテは演技ができなくなってしまう。とりわけかかりを大事にした謡いどころである。

〈右近の馬場の能[95]〉の「待つことあれや有明の」は徐々に謡を早めていくところ。しかしあまりに走りすぎても具合が悪い。

〈恋の重荷の能〉の「思ひの煙の立ち別れ[96]」は、静かな渡《わた》り拍子[97]のかかりである。この能は濃密な桜に柳の糸枝が乱れかかるように演ずべし。〈船橋〉は松の古木が風になぶられるがごとく。

そもそも本物の地獄の鬼を見た人などいないのだから、鬼の芸はただ面白さだけが肝要である。むしろ生きた人間が主役の能こそ難しいのだ。

三 演技はすべて心根

すべての演技の根本には心根《こころね》[98]がある。まず詞章の心根をよくよくわきまえれば、所作
・かかりを表すことができるのだ。

人は、息を詰め食い入るように能を見ることがある。または、ただ漫然と能の雰囲気を楽しむ時もあろう。

息を詰め、「ああ。とめるぞ、とめるぞ」とすべての観客が集中して見る時は、ふととめるべし。かたや観客の大方がのんびり楽しんでいる時は、きっと気を引き締め、突如とめるべし。眼前の観客の期待とまったく違うとめ方をすれば、さだめて面白いはず。人の心を化《ば》かすのだ。このことを固く秘して、観客には決して知られてはならない。

近頃「化かす」ということについて、「ようよう化けの皮がはがれてきた」などという。これはそのようにいう人の目が利かぬ証拠である。少年の可憐な芸を上手だと思い込み、真実の上手との見分けがつかない。「化かす」は、上手だけのもの。年の功により悪い芸であることは充分承知の上で行うものだ。世阿弥は出家の後、座敷芸で観客をそっと化かしたことがある。これが本物の「化かす」である。「下手な役者の化けの皮がはがれる」などは、ただの目利かずの戯言といえよう。

〈浮舟の能〉の「この浮舟ぞ寄辺知られぬ」というところが肝要である。ここだけを一日、二日がかりでやりおおせるほどの気持ちで、根を詰めて演じ納めよ。

〈経盛の能[99]〉では、ツレの女を思い入れ深く演じるべきである。しかしみな浅く扱っている。シテの謡の間、俯《うつむ》いて聞き入っているが、その途中より思いがあふれるように謡い出すべし。そうじて女の能姿では、始終面を伏せ、時折ふっと顔を見上げるものだ。

〈隅田川の能〉で、

「塚の中の子供はいないほうがより面白く演じられよう。この能では生きている子供は見つからず、亡霊である。とくにその本意を手がかりにせよ」

と父世阿弥はいったが、元雅[100]は、

「とても私にはできません」

と答えたのである。これに世阿弥は、

「こうしたことは演じてみて良かった結果に従うがよい。演じぬ内から決められまい」

と諭したものだ。

〈四位の少将の能[101]〉は、手数の多い能である。犬王は、

「私には演じ難い能。しかし、たって所望されたなら、大和の囃子を借りて演ずるほかあるまい」

と評した。

「月は待つらん、月をば待つらんわれをば[102]」

ここが、舞台と観客が一つになる山場である。

〈高野の能〉では、

「文こそ君の形見なれ。あらおぼつかなの御行方やな。呼子鳥[103]」

と狂い[104]に入るが、長々と狂って「誘はれし」の一声に移ってはならぬ。「呼子鳥」の心

根が観客に残っている内に、その余韻を所作にこめ「誘はれし」と一声に入るのだ。

〈丹後物狂の能〉「花のものいふは」で、ホロホの拍子[105]をとんと踏むが、拍子を彩って踏むべし。ここは心の中で「花のものいふは」と謡い続ける心根で、知らず知らずにとんと踏むのである。しかし今の若い役者は拍子を目がけ、謡い切って踏んでいる。おかしなものだ。〈四位の少将の能〉の「涙の雨か」で、とんと踏むが、ここも同じ。早くても悪く、遅くても悪い。〈佐野の船橋[106]〉の「宵々に」で、とんと踏む。ここも同じ。とりわけ大事な拍子といえよう。

「柳は緑、花は紅[107]」の拍子、本来「花は」で二つ踏むのである。「緑」の「り」で一つ踏み足せば面白いかかりが生まれる。これが、わらく[108]である。

鬼の能は、ことさら当流は他とは異なっている。同じ拍子でも他流で、はらりと踏むところを当流は、ほろりと踏む。他ではどんと踏むものをとんと踏むのだ。すなわち砕動風の鬼[109]がこれである。足拍子については味わうべきことが様々にあろう。

河原の桟敷崩れの田楽[110]では、本座《ほんざ》[111]の一忠、新座《しんざ》[112]の花夜叉《はなやしゃ》[113]が、互いに四名ずつ役者を出し、計八名で〈恋の立合[114]〉を演じた。「恨みは末も通らねば」と上げて謡い納めるところで、一忠は喉が詰まってしまった。一つ咳払いをして、扇の要《かなめ》を取り直し、汗を拭っていると、花夜叉が、「すえも通らねば」とぶっつり謡い納めたゆえ、観客の失笑をかってしまう。一忠が花夜叉に恥をかかせたのだ、と当時話題になったものである。

また、榎並《えなみ》[115]と世阿弥、鹿苑院殿御前での立合いの能。〈翁〉の「そよや」で、世阿弥が静かに舞い留めたが、榎並は気づかずに舞い続け、観客に嘲笑された。これも「観世が榎並に恥を与えようと、ふと留めたのであろう」とみな評し合ったものである。しかし上手《じょうず》の意地はかくのごとし。ことさら他人を貶《おとし》めるためではない。

橋掛りではじっとこらえて、「さあ。舞うぞ、舞うぞ」と観客に期待させるべき。しかしここでは舞わぬ。後の場で手詰まりとなっては具合が悪いからである。増阿ほどの舞手でも、橋掛りの舞は面白くなかったものである。

観客を引き付けられぬ役者の例を上げてみる。泣く演技では、袖を目に当ててすぐにその手を引いてしまう。また、片目ばかり涙を拭う仕草などである。

反り返り[116]の型は、腰と膝を使って返る。強く引き絞り、大きくしなった弓の弦を外すように、瞬時にぱっと返るべし。返る背中を一瞬たりとも見せてはならない。高く返り、低く納めるのだ。

舞い留める時の扇は、広げたつまを袖口に受けて、しっかり留めるもの。

〔舞を見ぬ舞〕という口伝がある。〔舞を見る〕とは、舞っている自分の指先などを見ることである。〔舞を見ぬ〕とは、首をひきつけて、首と肩の間は離す心持ちで手をあげるのだ。
両手をさっと早く開く時は、じっくりねじつけるように下げる。手をじりじりと上げていった時は、すっと早く納めるのだ。身体を常より早く動かしている時は、ねじつけるようにしっかり留める。逆に身体を常より遅く動かしている時は、さっと素早く留めるべし。

【この段落は幼少時に聞いたゆえ、記憶が定かではない。】

〔似せたる能〕とは、身の丈をこえた企《たくら》みをしようとする能である。ただ「上手く似せよう」と思うだけではない。

舞が長く感じられるのは、面白くもないからだ。観客は「きっと面白くなるに違いない」と期待している。しかしここで漫然と舞うだけなので長いと感じるのである。座敷の舞で衣紋をつくろう仕草は合図である。つっと立ち、舞い始めたなら、そっけなく感じるゆえ空気を和らげるのだ。しかしこれを決まりのように、仕草のみ真似るゆえ、目障りにしか感じられぬ。

四．どっという位

観客をどっとわかせる芸位は、初心にも及ばぬ低いもの。たとえば初めて上京した者が、東寺を見て「あっ」と声をあげるほどのものであろう。

面白き位とは、上手の上の位である。物まねをことごとく修得した者を為手という。さらに鍛錬を重ねた為手が、ようやく上手とよばれる。上手のもう一段上に面白さがある。

つまり面白い芸位とは、いくら似せようとしても似せられないものである。書の大家が、草書に書き下したものを真似られまい。真、行、草と功を積んだ後、ついに自在の境地に至る。これが面白い芸位である。

能のふわりとしたやさしさとは、本体の芸から生まれるものである。芸に花さえあれば、やさしさなど求める必要はない。ただやさしさがない、などというのは〝毛を吹いて疵《きず》を求める[117]〟ごときものである。

五. 声の事

時折、「や」と発する声を真似る役者がある。真似るべきは、「や」という声ではない。先日〈八幡放生会《やわたほうじょうえ》の能[118]〉で、演者が「秋来ぬと、や」と声を発したが、観客はとりわけこの即興を喝采したものである。その場に臨んで、覚えず発した「や」であった。

また、「やうやう[119]」という者もある。観客を引きつけようとするのであろう。芸が下り坂にかかるとかような仕掛けを思いつくもの。この頃、「やうやう」の声を出すようになり、芸が落ちた役者どもをみかけるようになった。

六．謡の事

謡は能の基本であり、また要点もここにある。謡の達人とは、五音四声《ごいんししょう》[120]、律呂《りつりょ》[121]の唱法をことごとく修めた者である。五音相通《ごいんそうつう》[122]の秘伝などは、なかなか知り尽くすわけもいかないが、知るべきことは学ばねばならぬ。

祝言の声[123]をどのような調子と発声で謡うべきか。望憶《ぼうおく》の声[124]をどのように謡うべきか。

根本の決まりをしかと分けて心得ねば、謡は成り立たぬ。稽古の順からいうならば、まず自分自身の声の質をよく知ることである。その上でこうした正しい道をも進んでいくことができよう。

祝言は、まっすぐな曲趣の音曲である。これを基底として、幽玄の曲趣・恋慕の曲趣・哀傷・無常音[125]など、様々な曲趣を経た後、有文音感《うもんおんかん》・無文音感《むもんおんかん》[126]をも究め尽くして、闌《たけ》たる位に上るのだ。一つの曲趣にのみこだわり、他を嫌ってはなるまい。能の物まねが十体に及ぶべきことを知るのと同じである。ただ謡は、耳に美しく吟に適うものが理想なのだ。

曲舞と小歌[127]の区別を心得ねばなるまい。もと猿楽は小歌がかりのみであり、曲舞はまったくの別物であった。しかし観阿弥が〈白髭の曲舞[128]〉を謡って以来、この二つのいずれも謡うようになった。しかしそれは、音の上げ下げのみで成り立つ曲舞そのものの謡ではない。曲舞節をやわらげて応用したのである。

すなわち、曲舞部分は曲舞らしく謡い、小歌にも様々な謡い方の違いがあることをわきまえよ。さらには、近江猿楽や田楽とも細々と異なる部分があることを心得、能を書き、節をもつけるべきである。

これらを研究し修得して、演技と謡が一つになれば[129]、万徳の妙花を咲かせる[130]成功を手にすることができよう。

七.祝言の謡

祝言謡[131]は、呂の声で謡い出すものである。これには深い奥伝がある。われらが謡う座敷それぞれによって、まさに時の調子というものがあり、その座敷にはどのような調子がよかろうか、とよく吟味せねばならぬ。しかし、心をその場に溶け込ませることさえできれば、一日二日の稽古で時の調子をつかむことはできよう。よくよく心を静め、囃子に耳を傾けて謡い出すがよい。

祝言は、まっすぐに正統なもので、耳を楽しませるような節付けはなされていない。九位でいえば、正花風[132]に当たる。喜阿が祝言曲に面白い節をつけて謡い出したものだが、脇能、祝言謡にはふさわしくない。女体の能の謡には似合うかもしれぬが。なお、謡の芸風や種類については、専門の伝書[133]があるゆえ、ここでは省略したい。

座敷謡の謡い出しは、一声《いっせい》[134]である。これは決まっているもの。しかし近頃、古風であるとして謡わなくなった。「後の巌かさざれ石[135]」と謡う一声などである。

上音に高く上げて引く謡い方を〔延《の》ぶる〕といい、ゆったりと声を継いでいくことを〔永《なが》むる〕という。〔待つ〕と〔持つ[136]〕は、おおむね同じ意味である。〔揺り[137]〕は、すべてで十回、六・四に分けて音を振るのだ。

本来、甲の音で謡うべき部分を、乙と表記することがある。謡が四重の高さの時は、三重の高さを乙と表記する。これは早歌《そうが》[138]より取り入れた。このような決まりについては口伝したい。

安全音《あんぜんおん》[139]は祝言のみのものと思ってはならない。闌たる位に上った後では、幽玄曲・恋慕曲・哀傷曲、いずれも自在となるゆえ、すべてに安全音はあるのである。この中で、恋慕曲は面白いが難解でもある。そして闌曲はさらにその上をいく。大勢で並んで謡う場合、みな上手であったとしても闌曲をともに謡ってはならぬ。

〈都良香《とろうきょう》の立合[140]〉は古くより伝わる立合いの曲である。〈翁〉の詞章のように代々伝えてきたものゆえ、軽々しく書き改めてはならぬ。

八．曲舞の謡

曲舞節と小歌節の違い。曲舞は立って舞うため、拍子が大本となっている。拍子に合わせて、横《おう》の声、竪《しゅ》の声141で分けて謡うものと心得よ。しかし能本来の小歌節は旋律を本とする。よって相音《あいおん》142を前提として作曲すべきである。

〈重衡《しげひら》143〉のクセ、「ここぞ閻浮《えんぶ》の奈良坂に」の節は曲舞にはないもので、能の小歌節である。しかしクセにあたるゆえ、拍を送りアクセントを変えるように謡うのだ。

〈西国下りの曲舞144〉の「あしの葉分けの月の影。かくれてすめるこやの池」では、「か

くれて」を〔持つ[145]〕心持で謡ったところ、南阿《なあ》[146]が、

「曲舞節なら、いっそう引いて訛《なま》らせるべき」

と指摘した。それより今の節付けとなったのだ。

〈弱法師の曲舞〉こそ専門の曲舞の音曲を根本としたものである。


曲舞は次第[147]で舞い始め、同文の次第で留めるもの。アゲハ[148]が二度ある三部構成となる。二部分目は勢いづける。上音で謡う部分で「何がどうして、こうしたら。かれのこれをどうこうの」と二句、または三句を同じ調子で謡い続け、おもむろに「そうしたことの」とクリ[149]音に上げるのだ。上音の謡が一句のみで、すぐにクリに上げてはならない。

クセの二度目のアゲハ前には、上音に移行するための上《のぼ》り節が置かれる。「とくとくと誘はれて、身を浮き草の根をたえて[150]」、「ありがたくもこの寺に現じ給へり[151]」、「ある時は焦熱大焦熱のほのほにむせび、ある時は[152]」などがそれである。しかし厳密にいえば上

り節ではない。実際、徐々に音がすり上がるゆえ上り節として扱うのだ。これらは、専門の曲舞の節を能の曲舞のためにやわらげたものといえよう。

われらの〈西国下りの曲舞〉を、専門の曲舞芸人が舞ったことがあった。かの者は「かくれて、すめる」を送って謡ったものだ。〈西国下りの曲舞〉は面白い曲舞であるが、とりわけ「ふくろう松桂の枝に鳴き」のところなど、惹きつけられる。観阿弥は曲舞の節付けの上手であるが、女曲舞舞いの乙鶴《おとづる》[153]に学んだのである。海老名の南阿も曲舞をたくみに節付けした。喜阿はついに曲舞を舞うことはなかった。小歌がかりに専心したのである。

〈東国下りの曲舞[154]〉の「蓬萊宮《ほうらいきゅう》は名のみして、刑戮《けいりく》に近き」の段は、世に喝采を浴びたところ。「南無や三嶋の明神」より、ぐいぐい引き込まれるのだ。節は南阿が付けた。〈西国下りの曲舞〉の節付けは観阿弥。両曲とも、琳阿弥《りんあみ》[155]が作詞した。琳阿弥は将軍足利義満公の同朋衆であったが、御意に逆らい東国へ追放される。しばらく後、〈東国下りの曲舞〉を書くのだが、世阿弥が藤若を名乗っていた若い頃、この曲を義満公の御前で謡ってみせた。将軍は作者の名をたずね、それで琳阿弥は赦されて再び召し出されたと伝える。〈西国下りの曲舞〉はその後書かれたものである。

〈由良湊《ゆらのみなと》の曲舞[156]〉、〈山姥〉、〈百万〉は、みな曲舞の名曲である。

九. 謡のかかり

かかり[157]は、謡のすべてである。昔の大和猿楽の謡にはほとんどかかりというものがなかったゆえ、文字訛《なまり》[158]が目立った。かかりさえ良ければ、訛は隠れるのだ。

「かやうにあだなる夢の世に、われらもつゐに残らじ、何一時《ひととき》をくねるらん[159]」。

いずれの箇所にも訛があるものの、かかりによってほとんど目立たない。南阿弥陀仏が「日本一の謡」と絶賛した箇所である。喜阿弥が節を付けた。

犬王道阿弥が謡った、

「やうやうはかなやなどさらば、釈尊の出世には生ぜざるらん。つたなきわれらが果報かなや[160]」。

これはもともと訛が多く、汚い音ばかりであるが、優美なかかりで謡ったゆえ、佐々木道誉も日本一と称えたものである。犬王は謡を終わりまでしっかりと謡える役者であった。

謡に闌《たけ》たる[161]かかりがあれば、位も数段上に聞こえるもの。

「老人答へ申すやう。われは手名椎《てなづち》、足名椎《あしなづち》。むすめを稲田姫と云ふ者にて候なり[162]」、「父の老翁手名椎は、源大夫の神と現れ、東海道の旅人を守らんと誓ひ給へり」。

これらを喜阿弥はいささかもひるまず、かっかっと謡ったものだが、とりわけ高い品格を感じたものであった。

「何の何」と最高音へクリ上げて、ほろりと落す技法が南阿の得意の節付けである。

「河竹の流れの女となる、さきの世の報ゐまで思ひやるこそ悲しけれ[163]」は平曲の節を取っている。

「念《ね》彼《び》観音力《かんのんりき》、刀刃段々《とうじんだんだん》[164]」のところは、謡と言葉と拍子が理想的に一体化したもの。

謡は恋慕がかりのものに美と余情がある。

節は自然の竹にもあるが、悪い部分をさすこともあるのだ。しかしなんといっても、かかりが謡の本である。ずばっと切って引き、延ばすために前を詰める。これらみな、かかりを生み出さんがためである。さて、そもそもかかりとは何か。改めてみれば、熊《ゆう》虎《こ》豹《ほう》[165]のごときものといえようか。

十．文字訛、節訛

「何の」という場合の「の」や、「てにをは」等、助辞部分の訛が節訛である。「何」という言葉、すなわち自立語部分の訛が文字訛である。自立語も、「てにをは」の助辞も、同じように思えようが訛の違いをわきまえねばなるまい。

「松には風の音羽山[166]」の「松には風」が訛っていると喜阿弥に指摘されたが、かの者の「秋の野風に誘はれて[167]」の「野風」も訛っている。が、良い節訛はかえって面白いもの。さほど興を催さぬところに、節訛を置くべきではない。歌道でも「病に犯されぬ歌は苦しからず[168]」というではないか。

「小野小町は[169]」の「は」は音が立ちすぎる。謡い流すべきである。

「人の宿をば貸さばこそ[170]」を句末で落すのは良くない。他ではこのようにもするが、ここは具合が悪いのだ。「貸さば」の「ば」より落すべし。

〈夏の祝言[171]〉では「うけつぐ国」の「つぐ」を当たって謡うが、これも悪い。ここはまっすぐに謡うべし。

「みかさの森[172]」の「の」はまっすぐに謡う。しかし「一念弥陀仏」の「念」をまっすぐ謡えば硬く聞こえる。ここは拍子に乗せなめらかに謡うがよかろう。

「とりわき神風やはじめ奉り[173]」の「たて」は当たらず、まっすぐ謡うべきだ。

「恵みひさし[174]」、「ひさし」の文字訛は悪い。

「春ごとに君をいはひて[175]」、「はひて」と上音に上げるべからず。

「夕べの風に誘はれ[176]」、「夕べ」の「べ」を下げるのだ。

「老翁いまだ[177]」、「いまだ」をまっすぐ謡う。

「げにや皆人は、六塵《ろくじん》の境にまよひ[178]」。「皆人は六塵」の「は」を短くいい捨て、即座に「六塵」へ移るべし。また「六塵」を下音から謡ってはならぬ。

「光源氏と名を呼ばる[179]」。この「と」は、律の調子で突き上げよ。前の文字と同声で突くものではない。南阿が面白いと褒めた節付けである。

「くわんどう誤って[180]」のところを訛らせてはならぬ。喜阿などは達者にまかせ時々訛ったところだが、真似をするものではない。

「公光《きんみつ》と申す者なり[181]」の「者なり」は言い放つがよい。

十一．拍子の事

拍子の詰め開きは、たとえば家の柱の間が一間・二間・三間と定まっているようなものである。その間で文字数が[182]足らねば延ばし、余れば寄せる。ここにはより深い口伝があろう。

「旅人の、道さまたげに摘むものは、生田の小野の若菜なり、よしなや何を問ひ給ふ[183]」。「よしなや何を問ひ給ふ」と続けて謡ってはならぬ。「よしなや」で切って、「何を」と謡う。「よしなや」の間を寄せるのだ。

「げに心なき海士なれども、所からとて面白さよ[184]」。「面」を持って（引いて）、「しろ」を拾う（縮める）。「時知らぬ山とよみしも[185]」。このような句型の「山」は寄せる。これはいずれの曲であっても応用が効く。こうしたところで謡が間延びするゆえである。【富士の能である。】

「恐ろしや[186]」は、一文字二拍分をやや短く扱う[187]ものだが、今はみな延ばして謡っている。これは悪い。本来ここよりかかりを主体として、ひたと拍子に合わせねばならぬところ。同曲の「ともの物狂と」は、節にとらわれず拍子に乗る。「いはれさせ」の「させ」で急に切るべし。

「人間ふれいの花ざかり、無常の嵐音そひ[188]」。「無常の」へ移るところは、たっぷり謡おうとも長くなりすぎることはない、存分に延べよ。心持ちが大事なところである。「無常」の「む」を消し、「じやう」の「じ」の頭を切るべし。

「寂寞《せきばく》たる深谷《しんこく》[189]」、上音へ張るべし。〈八幡《やはた》[190]〉の「七日七夜」と、「百王万歳《ばんぜい》[191]」を世阿弥は寄せて謡った。

一句、一句と続けて謡う時、前句末の「てにをは」一字を、後の句の頭に置くこともある。

「かの昭君のまゆずみは、緑の色に匂ひしも、春や繰るらん糸柳の[192]」。この「糸柳の」の「の」を、「柳」で切って、次の句「思ひ乱るる」の頭につける。すなわち「糸柳、の思ひ乱るる」と謡うのである。

〈鵜飼〉の「真如の月や出でぬらん、真如の月や出でぬらん[193]」。ここを現将軍義教《よしのり》公の笠懸馬場の能では地謡が走り、拍子のツボを外してしまったものだ。「月や」からきびきびと拍子にてためつつ、「出でぬらん」と謡って出した足を空中でこらえ、どんと踏む。ここは地謡が拍子を主導する。ただしこの時の能は異座混合の地謡であったがため足並みが揃わなかったのである。

拍子の極意は、巨石運搬を思い浮かべるがよい。「えい」というかけ声で、大勢の心が一つの力となって重い物も動かせる。ここに拍子の秘密があるのだ。

十二 謡の心根

『風曲集《ふうぎょくしゅう》[194]』にいう、

「謡の心根は、まず出る息・入る息を基礎として、声を支え節を彩り、不増不減の曲道息《きょくどうそく》地《じ》[195]に宿る」

と。

早歌の、けん[196]という歌い手の弟子に飯尾《いのお》善右衛門[197]という者がいた。上手と目されていたが、なぜか後継者に選ばれなかったという。どのような経緯で選に洩れたのかたずねてみると、世阿弥は同門の門人から聞いた話を語った。

「津の国の[198]」と謡い納めるような部分の節扱いで判断されたのだ。善右衛門は、「津の」の「の」と、「国の」の「の」との間を息を引くように謡ったのである。引く息が聞こえるのはいかにもまずい。耳に聞こえない気配をも達人は聞くものである。「国の」の「に」と「の」の間にも息を引いた。心得ねばならなかった。こうしたところが至らぬゆえ、選に洩れたということである。

あらゆる物事に序破急[199]があるのだ。たった一文字にも序破急がある。人が返事をする時、即座に「お[200]」と答えた場合、序破急はない。まず声を発する前に序がある。そして「よ」と出す声が破。いい終わったところが急である。序破急がなければ、人の耳に届くものではない。

横《おう》[201]の地声の者が竪《しゅ》[202]の声で謡うことは比較的たやすい。が、竪の声の者が横で謡うには、いかがすべきか、と父世阿弥に問うてみた。父は答えた。

「竪の声の者が、横がかりで謡おうとする時は、調子を低め、低めにと意識して謡うがよい。横と竪、二つの音調の変わり目も調子が入れ替わる瞬間をしかと意識するなら謡えるもの。ちょうど坂東訛の言葉[203]が、なにかのはずみで大和言葉の正しい調子になるようなものである」。

良い謡は、呂律《りょりつ》[204]、呂律と謡うものである。

「あひ見ばやと思ひて、果てし所をたづぬれども、うたかたの[205]」。

ここでは「うたかたの」を律で謡い出す。前句よりずっと呂の声で続けては、はなはだ具合が悪い。

また、漫然と美しく謡おうとするだけでは、留めがしまらぬ。律の声できっと留めれば急の位となり、よろしい。さもなくば、破の位のままでしまりなく終わってしまうのだ。

拍子一つ一つに緩急をつけ、たっぷり優雅に謡い続けることがよい、と謡うゆえ、拍子が間延びしてしまうのだ。たとえば水鳥が、水面下では懸命に水をかき、進んでいるように、謡の上手は心の中で拍子の乗りをもちながらも、ゆったり美しく謡っているのだ。下手はここに至らずして、上辺だけを真似るとみえる。「とかや」の「と」を上手が引いて謡うと、下手はその謡い方がよいと思い、「とうかや」などと引きずってしまうのである。

〈経盛の能〉の語り206は、弁慶物などとはずいぶん謡い方が異なるものだ。涙ながらに問う母に対して、しんみりと受け答えする。しかし、剛直な面をもわきまえながら謡うべきである。

〈布留《ふる》の能[207]〉、「布留野に立てる三輪の神杉とよみしも、そのしるし」では、「布留野に立てる三輪の神」まで大事に謡い、「そのしるし見えて」を安々軽々と謡うべし。

〈班女〉の「せめて閨《ねや》洩る月だにも、しばし枕に残らずして、またひとり寝となりぬるぞや[208]」には、一曲の通低音としての心持ちがある。「なりぬるぞや」に面白いかかりがあるのだ。

いずれの曲も同様であるが、〈班女〉のクセはどの部分をとっても、通低する心持ちをゆるがせにはできぬ。「そなたの空よ」の「よ」は幼く不意に突き上げる。「わが待つ人のをとづれ」、「を」の文字を盗む[209]べし。「よしやおもへば」、「も」を〔持つ[210]〕。クセ最後の「班女が閨」と移るところは、深すぎても浅すぎても具合が悪いのである。

〈右近の馬場の能[211]〉の「花ぐるま[212]」は「ま」の字をたっぷり謡う。とかく「ま」の字は大事である。

〈松風〉、「あまの家、里ばなれなる通ひ路の」では、「あまの家」を重く、「通ひ路の」を軽く謡うのだ。

〈重衡《しげひら》の能[213]〉で、「鬼ぞつくなる、恐ろしや」の「つくなる」を突いて謡えば、「恐ろ」の「ろ」を納めて謡う。反対に「つくなる」を素直に謡うならば、「恐」の「そ」に心を籠めて、突いて謡うがよい。

〈錦木〉、はじめの謡、「悔しき頼み」の「き」では当たらず素直に謡う。大事に扱うところだが、初心が真似ると間延びしてしまうのだ。

〈土車〉のクセには硬い文字が一つだけある。工夫をめぐらさねばなるまい。

〈六代《ろくだい》[214]〉の「何をか種と、思ひ子の」には、声枕《こわまくら》[215]を置くべし。今、心拍子《こころびょうし》[216]と呼んでいるものだ。「思」の下に声枕を一つ置き、「思ひ子」の「ひ」を二つ分突く。ここは心を静め、露ほども心の塵があってはならぬ。

「天花《てんはな》に酔ゑりや[217]」は、「り」で切って「や」と謡うべし。「しるしの松なれや、ありがたの[218]。【口伝。】」は、有名な文字移りの聞かせどころである。

「風波《ふうは》の難を助けしは[219]」では、横、竪、横と音調が移っていく。

「いかなればみちのくにには[220]」の「は」の音を引きずると汚く聞こえる。ここは息だけで引くところである。「あしがりや[221]」も同様に。


〈高野の古き謡[222]〉に、「春秋をまつにかひなき別れかな」とあるが、「春」の「る」を入《い》り節《ぶし》[223]で謡うのだ。

「何とか出でん円月の、光のかげ惜しめ[224]」。ここが、花を咲かせる節どころである。引き節は短めに。この一句はかかり気味に軽く謡うとよい。その前の「きづなも」も、幼い調子でクリ音に上げるのだ。

〈松風〉、「月はひとつ、影はふたつ、みつ汐の」で、「みつ」へ移る間に声枕をさりげなく置く。ここはあからさまに置いてはなるまい。あくまで心根のみで扱うべき。

〈桜川〉、「曇るといふらん[225]」は、なめらかにつないで謡うところ。「もとの古根や残るらん[226]」、「へいさのらくがん[227]」なども同様に。喉の奥で音を響かせるもの、と喜阿弥はいった。文字をつなげては汚くなる。息扱いで送るものだが、時と場合にもよろうか。

貴人の御前で芸能者が寄せ集められ謡うことがある。この時の秘伝を述べよう。

さる方のお屋敷にて藤寿《ふじじゅ》[228]が白拍子《しらびょうし》の謡物を謡ったが、句末をたっぷり引いて謡い納めたのだ。世阿弥はその余韻を引き取って、

「千代木の風も静かにて[229]」

と謡い出したが、これをみなみな褒美したものである。

立合いの相手の謡を序として、相手が小謡などを謡い終わったら、こちらはがらりと趣を変え、音を張って高らかに謡うべし。このように調子を変えつつも、前曲の余韻を心にかけねばならぬ。とくに相手が謡い納めた文字の韻をよくよく心得ることである。

また、別の貴人宅で酒宴に伺候《しこう》した時のこと。主人より、「世阿、謡え」と命ぜられたのだが、何度もその指名の言葉が終わらぬ内にすぐさま謡い出したのである。

「心の中に、隙間なくあらゆる曲を常に用意していると見える。いついかなる時も動じぬ達人かな」

と褒美されたという。

祇園祭[230]の前日、将軍の桟敷へ召されることもあろうか、と内々に準備しているところへ喜阿弥がたずねる。世阿弥はこの者と、

「他芸の者が参会せぬならば、祝言謡が一曲終った後の曲舞謡は、序（クリ）から謡うがよかろう。しかし曲舞の舞手が出勤し、舞った場合、重ねて猿楽を所望されたなら、祝言謡の後、即座に、人皇五拾代《にんのうごじゅうだい》[231]と、クセのはじめより謡うべし」

と打ち合わせたものである。

十三. 謡の位

『風曲集[232]』に、

「無文音感《むもんおんかん》[233]は有文《うもん》をその内に相備えているゆえ、これを第一とする。有文音感[234]は、無の境地にまでいまだ究めつくしてはいないゆえ、第二とするのだ」

とある。また、

「無文の位とは、四声[235]、呂律[236]よりはじめ、句移り・文字移りをことごとく究めつくして、安き位[237]にたどり着いたものである。技法・技巧はその者の心の奥深くにひそみ、謡の印象はこれといった文《あや》も目立つことのない無曲音感のみとなる。これが謡の位の無上である」

ともいう。これに対して、未熟ゆえの無文もある。これはまったくの別物であり、まるで聞けたものではない。

すなわち、ただ美しく吟に適った謡を理想とするべし。この位に見られる曲[238]とは、本来実体のないものである。稽古を極め、ついに安き位を得た後、節より自ずから生まれ来たるもの。いうならば影のようなものであろうか。しかしながら人々は曲を面白い、と思い曲をなぞらえて稽古しようとする。なんとも浅はかなことではないか。

〈松風〉の、

「寄せてはかへる片男波《かたおなみ》、あしべのたづこそは立ち騒げ、四方《よも》の嵐も音そへて、夜寒何と過ごさん[239]」

も面白い節ではあるが、謡の位ではいまだ第二位に落ちようか。「四方の嵐も音そへて」は寄せて謡う。語感に硬い調子が出てしまわぬよう。

「夜寒何」を上音から落すのが喜阿弥節[240]である。今も喜阿弥風に謡う者が好む古い節付けだ。当流では「夜寒何」を中音より謡っているが、これは稲荷の能[241]の時、細川満元殿の助言により世阿弥が改訂したものであった。ここは、〈昔の藤栄[242]〉のロンギを移したものである。謡の節は時代により変わっていくが[243]、当代作者の好みが反映され、なかなか興味深いものだ。

只詞《ただこと》[244]は、素声《しらこえ》[245]ともいう。これを完全に謡える者はいない。上の位である。教えたり、習ったりもできぬ。喜阿弥でさえ、

「難波の芦をご賞翫こそ、かへすがへすもやさしけれ[246]」

のところをそれらしく謡っただけであった。真実、その役中人物になりきり、心に一つの塵があっても謡えぬものだ。

〈実盛〉の「名もあらばこそ、名乗りもせめ[247]」などは、昔はなかった只詞の極みである。

この「せめ」を細川満元殿に、

「いずれもよく謡ったが、ことにこのくだりの位は、世阿弥ただ一人だけのものである」

と賞賛いただいたものである。

十四．能作法　一

能を書くためには、物語の構成と展開をよくよく考案せねばならぬ。まず登場人物の設定とそれにふさわしい演者の想定が要であり、これは能というものを理解せずにはなせぬことである。これこそ一大事である、と『三道[248]』にも説いた。能作の手本はそこで詳しく示している。

まず、祝言能のすっきりとした風情の曲から書き始めるがよい。この分野では〈弓八《ゆみや》幡《わた》〉が参考となろう。凝った見せ場はなく、まことにまっすぐな能である。当御代[249]の就任をお祝いして書いた能であるゆえ、秘事のごときものはない。これにくらべ〈放生会《ほうじょうえ》の能[250]〉は、魚を放つ見せ場を入れたため作者の思いが入っている。〈相生[251]〉もなお作者による尾ひれがついた能だ。

祝言曲以外では、〈井筒〉〈通盛〉などは、すっきりとした風情である。〈実盛〉〈山姥〉も脇道にそれた所のある曲。これらの曲の中でも〈通盛〉を、神の御前[252]や晴れの大舞台で演じたいもの、と願っていたのだが、下命により義持公の御前では〈実盛〉と〈山姥〉を演ずることとなった。

〈井筒〉は上三花[253]である。〈松風村雨〉は寵深花風《ちょうしんかふう》[254]の位となろうか。〈蟻通《ありどおし》〉はおおむね閑花風《かんかふう》[255]といえようか。〈通盛〉〈忠度〉〈義経[256]〉の三番は、修羅風の能では良い能である。この内、〈忠度〉が上三花に入るべし。

〈西行[257]〉と〈阿古屋の松[258]〉はおおかた似ている能である。後の世にも、かような能を書く者はあるまい、とこの二番を書き残した。

〈石河の女郎の能[259]〉は、十番[260]を一通り演じ尽くし、中年に差しかかった元雅が演ずるのに良い能であろう。

〈千方《ちかた》[261]〉も年をとり、芸の味が凍み出るようになればふさわしい。〈石河の女郎の能〉、前シテの出で立ちは身をやつした体である。季節が夏であれば、色糸で縫い取った袖なしの帷子《かたびら》が良かろう。また、淡い色の水衣も。近江猿楽ならば、白の花帽子をつけようが、大和猿楽でも珍しい装いが似合うはず。後《のち》は少し弱いようにも思われるゆえ、女の謡を加えてはいかがか。とはいえ、作者（元雅）の意を汲んで演じてみるがよい。「恨みは末も通らねば[262]」よりは、田楽新座のようにまっすぐ謡ってもよいとは思われるが、まずはこれでもよかろう。【節付けのみを聞いた段階での話である。】

〈西行の能[263]〉の後は静かである。昔の能の風情を遺しているのだ。〈砧〉の面白さは、後世には伝わることもあるまい。悲しいことよ、と世阿弥は語った。

例の十番の能は、世阿弥が形見として書いたものゆえ、とりわけ正統な作品である。作能も音曲も観世座の本風である、と申されたものだ。

〈小町[264]〉は昔、もっと長い能であった。「こぎゆく人は誰やらん[265]」からさらに長々と謡が続いたものである。後場では在所の玉津嶋明神に幣帛《へいはく》を捧げるとミサキ[266]の鳥が現れる。この場面をよく演じたゆえ、近江日吉座の役者は、からす大夫と呼ばれたのだ。しかし今、この段落は省略して演ぜられぬ。

〈通盛〉も言葉の多い能であったが、切り除け切り除けしながら、良い能となっていった。〈丹後物狂〉はもともと夫婦の物狂の能であった。ある時、楽屋でふと思いつき、今の演出（父親一人による狂い）に変えてから、人気曲となったのである。

すなわちどのような能であっても、時代の好みを反映して、演じ方を工夫し、ひたすら昔のままにこだわるべきではない。【たとえば〈笠間の能267〉などは現在には似合わぬかもしれぬ。】

「応永年間に作った作品群は、後の世の作品にも劣ることはない」と、『三道』に述べた。これらの新作能を、その本意を失わぬよう注意し、時代の好みを取り入れて彩りを加えつつ演じ変えればよかろう。

十五．能作法　二

能を書く場合、序破急を文章だけでつけてしまうことは下策である。演技の序破急を書くのだ。これにより、はじめて序を「破」って、破へと進むことができる。文章のみの序破急は、謡として耳だけで聞く分には面白いが、演技へはつながらぬ。文章と演技が互いに活かし合ってこそ、理想の能作法といえよう。

「玉水に立ち向かへば[268]」、「東に向かゐ、また西に[269]」など、演技につながるように書くのだ。

とかく書き手は、言葉に花を咲かせん、という思いにとらわれて句数が多くなってしまうもの。この心を切り捨てて書くがよい。

〈素戔嗚《すさのお》の謡[270]〉は、良い作品である。

「神代には天照大神の兄弟の神とあらわれ、人の代には日本武尊《やまとたけのみこと》異国を攻め」と書き進めた時、順序からいえば次に東国征伐へと筆を進めるべきであろうが、この思いを切り捨てたのだ。そして曲舞の終わりに「八剣の宮と申す」と、物語の時間進行を前後入れ換えて、曲舞の中に大事な文句を書き入れたのである。物語の時間を追って書いていけば、どんどん文章が長くなり具合が悪い。この塩梅を心得るべきである。

〈布留《ふる》の能[271]〉では、女が布を洗っている場面より、僧との問答へと移っていく。物語の筋を追うなら、ここは布留の神剣のいわれを説くべき。しかしそのようにせず、「初深雪、布留の高橋」と上歌《あげうた》に移るのは、能が遠見《えんけん》[272]を本とするゆえである。名所旧跡に関わる素材を中心に置くことも、こうした遠見の手がかりとするためなのだ。

とはいえ、問答から神剣の由緒の謡になっても演技が生まれる素材であれば、そのまま続けていいわれを謡い出してもよかろう。

クセの前のクリで、「そもそも布留とは」と神剣のいわれを謡うなら意図は明確に伝わる。「初深雪」と謡うことによって、「降る」と「布留」がすぐさまつながって、うまくいく。

〈実盛〉で鬢を洗う場面の後、順序からいえば討ち死にを描くべき。しかしそのようにはせず、「また実盛が[273]」と物語の前後を入れ換え、キリに討ち死にを置いている。まずはこのような技法と心得るがよい。

前と後、二場の能は書きよいものである。一場の能は、観客にとって印象的な転換場面を置くべし。能作の大事である。これがなければ、だらだらとしてつまらない。

〈松風村雨〉など、中入はないが、まさに前後に変化のつく能である。

「憂しとも思はぬ[274]」と謡い留め、ひっそり静まるところがそれである。こうした能作法をよくよく研究せずばなるまい。

〈源氏八島に下ると云ふ事[275]〉は遠見の手法で書かれていたが、

「戦陣へと向かう者。物見遊山の気分ではあるまい」

と批判された。

〈守屋の能[276]〉で「守屋の首を斬る」というところがある。ここは、節をもとにし、首を斬るのだ。井阿弥《せいあみ》[277]が生まれ変わったとしても、ここはわかるまい。秦河勝《はたのかわかつ》[278]と守屋役のロンギの掛け合いの中で、首を打ち落す。自由自在にロンギを謡い「首を斬る」で、さっと幕に入るがよい。

クセが終わり、謡ロンギ[279]に移る時、重複の感があれば調子を変えてコトバで掛け合う、コトバロンギで書くべし。とりわけ神の化身にはコトバロンギがよい。

吉野を題材にするなら春の能、龍田ならば秋の能、富士ならば夏の能に仕上げるのだ。

切拍子《きりびょうし》[280]は、舞と活発な所作を見せるためのものである。書き手はむろん、演者も当然心得ておかねばならぬ。しかし今の作者は切拍子にふさわしからぬ言葉を書き入れている。

開口《かいこ》[281]で、「また君は、武運めでたくましますにより」などと謡っているが、この「また君は」が長くなるので余計である。「一天泰平の御代」で君のことだとわかるはずではないか。まず、長い句はよろしくない。

さりながら、長いものも時によりけりともいえようか。〈松風村雨〉はなすべきことの多い能ではあるが、これはこれでよい。長い短いということも、よくよく弁《わきま》え、自分なりにほどよさをつかむべし。

また、「物語の展開を前後で入れ換えよ」といったが、あまり唐突に過ぎ、木に竹を接いだようでは具合が悪い。大切なのは、言葉の余韻を知ることである。作詞の法は、言葉を簡潔にし、意味が明確になるようにすることが基本である。

十六、能作法　三

謡の一句一句の趣に変化をつけようとして、部分にのみ気を遣い全体を考えずに書けば、謡の骨格が縮こまってしまう。二句続けて同じ趣で謡い、がらりと節を変えるべきところもある。はっきりと変えるために二句ほど同じかかりで謡うのも、また面白いものである。

また、人物設定に応じて言葉を書き分けるがよい。

〈初瀬の女猿楽[282]〉で、「そもそも和州長国山《わしゅうちょうこくさん》と申すは」と書いたところ、将軍義満公は、「女の能に長国山では、言葉が硬くはないか」とご指摘をされた。なるほどたしかに女の能であれば、「大和初瀬の寺」などと優美に書くべきであった。

同じ言葉を重複して書いてはならぬ。「年をふる野」と書く時は、「雨のふる野」などと続けるべからず。業平ものの能で、「むかしに業平の」と書いたなら、「何に業平の」と同じ掛詞を置くものではない。その能のもっとも重要な聞かせどころに、ただ一回限り置くべきである。

「甲斐もなみま[283]」、「その心更になつがは」、「たすくる人も波のそこ」。これらでは三箇所同じ「な」（無し）を掛けている。せめて、「甲斐もなき身の鵜舟こぐ[284]」などとすべきであろう。

〈松ヶ崎の能[285]〉の「松が咲きけり」の文句は、この曲の眼目である。観客にしかと届けんために、「そもや常盤の花ぞとは」などと、まずロンギで匂いを漂わせ、その後にこの良い文句を置くがよい。匂いすら感じさせず、成り行きに任せてその能の眼目たる言葉を唐突に置いたなら、人が聞いても耳に止まらず具合の悪いものである。〈八島〉では、「よしつねの憂き世の[286]」が眼目である。「その名を語り給へや、わが名を何」とまず聞かせ、すぐさま「よしつねの」とつなげば、誰の耳にも届き、場面が生きてくるのである。

すなわち能では、耳になじんだ古文・古歌、和歌の言葉がよく効くのである。工夫の過ぎた句は、耳で聞いてもわかるまい。本で読むにはよいかもしれぬが。

「は」と「わ」の区別を心得て能を書くべきである。謡うにあたって「は」か「わ」か、判断のつかぬ時は、少し口をすぼめて発声するがよい。

カカル[287]の段落は言葉の抑揚に注意して、節をつけねばならぬ。前の句を商《しょう》[288]の声で謡い出したなら、後の句は角《かく》[289]の声で謡うべし。このように心得て作曲するのだ。

〈八幡[290]〉〈相生[291]〉〈養老〉〈老松〉〈塩釜[292]〉
〈蟻通〉〈箱崎〉〈鵜羽《うのは》〉〈盲打《めくらうち》[293]〉〈松風村雨〉
〈百万〉〈檜垣の女[294]〉〈薩摩の守[295]〉〈実盛〉〈頼政〉
〈清経〉〈敦盛〉〈高野[296]〉〈逢坂[297]〉〈恋の重荷〉
〈佐野の船橋[298]〉〈泰山府君《たいさんぷくん》〉　以上、世阿弥作。
〈小町[299]〉〈自然居士〉〈四位《しい》の少将[300]〉　以上、観阿弥作。
〈静[301]〉〈通盛〉〈丹後物狂〉　以上、井阿弥《せいあみ》[302]作。
〈浮舟〉【素人の横尾元久《よこおもとひさ》[303]の作。世阿弥が節を付けた。】
以上は、能作の手本とすべき曲である。『三道』にもあるが、作者を記し置いた。

〈鵜飼〉、〈柏崎〉は、榎並左衛門五郎[304]の作である。しかし両曲とも悪い部分を除き、良いものを取り入れたゆえ、世阿弥作というべきである。今の〈柏崎〉には、〈土車の能〉【世阿弥作】の曲舞を入れた。

〈四位の少将〉はもともと比叡山衆徒の唱導師《しょうどうし》[305]が書いたもの。金春権守《こんぱるごんのかみ》[306]が多武峰《とうのみね》[307]で演じたが、後に観阿弥により改められた。

〈佐野の船橋〉は、もともと田楽の能である。世阿弥が書き直した。しかし田楽が演ずる以前からあったというからずいぶん古い曲である。なお、くわしくは『三道』を見られたい。『三道』は応永三十年（一四二三）に書かれたものゆえ、それ以降に作られた手本とすべき能はさらにあろう。

十七．勧進能の舞台と翁の事

勧進能[308]の桟敷の数は、おおよそ六十二、三間である。一間の間口は五尺。しかし近頃では七十間余の桟敷を設けている。これは見物衆を多く集めんがためである。田楽の喜阿弥は、五十四間を上限とした。声を損じていたゆえ、謡がよく聞こえるようにとの配慮である。

糺河原《ただすがわら》[309]や冷泉河原《れいぜいかわら》[310]での勧進能の例があるゆえ、これらをよくよく参照するがよい。

【これは幼い時、父より聞いて書いたもの。よく調べずばなるまい。】

桟敷はきっちり詰め合わせ、こぢんまりと拵えたなら、謡がよく反響し、能もしみじみと人の心に届く。橋掛りは幕屋口[311]を高くし、舞台へと低く傾斜をつけ、まっすぐに掛けるべし。反り橋のごとく中央が高くなってはなるまい。橋掛りと舞台の接合部[312]は、舞台後ろの庇の柱二本の中間より、左右いずれかに寄せて、片側の柱より半間ばかりの位置に取り付けるべきである。

さて、舞台の位置は前後左右へ偏ることなく、桟敷の中心に置くべきである。なんとしても声は正面へよく通るものだからだ。舞台が正面に寄りすぎると声は後ろの桟敷[313]へは聞こえない。これらを心得て謡うがよい。本番前に舞台、橋掛りをよく下見して、釘が出ているところなど危ない部分を直さねばならぬ。ワキや地謡が座る所は、本舞台より若干低くし畳を敷く。ワキが座る所には上等の毛氈《もうせん》を敷いたものだ。

〈翁〉の装束、本式の晴れの出で立ちは、特に定めた口伝によるべし。さのみにはけばけばしくせず、落ち着いた扮装で出るがよい。金襴などは用いず、色は正色《せいしょく》[314]を選ぶのだ。

〈翁〉の面箱持ちは、花のある役どころ。まずは容貌の美しい役者を選ぶ。若い者にふさわしい役である。烏帽子《えぼし》・直垂《ひたたれ》を着付け、いかにも正装して出ずるべし。

〈翁〉の礼は、橋掛りと舞台の継ぎめで扇を取り直し、一礼して着座した。

露払い[315]は当時、槌大夫[316]が舞った。しかし、上手であれば脇の為手[317]が舞うもよし、と聞く。よそではこの露払いを違う役者が二度続けて演じたと耳にしたが、なんとも笑止な田舎翁もあったものだ。

昔は〈翁〉を一座の最年長者が舞うしきたりであった。今熊野《いまぐまの》の猿楽318の時、将軍家（三代足利義満）が初めて御成りとなったが、最初に舞う役者は誰かとお尋ねがあった。同席の南阿弥陀仏が、

「将軍家へ初のお目見えは、一座の大夫でなくてはなるまい」

と忠告したゆえ、観阿弥が初めて〈翁〉を舞うこととなる。以降、大和猿楽では大夫が〈翁〉を勤めることとなったのである。

当時より京中や御前において、〈式三番〉を常に演じることはなかったのだが、今では神事以外ではまったく演じられなくなってしまった。

「ひろばかりや319」は、京で演じる場合も地謡が謡うものである。〈翁〉の舞が終わり面を外したら、後見が取り渡して面箱に納める。くれぐれも鼓打ちがこれを取り渡してはならぬ。面箱持ちが受け取ることが決まりだ。

〈翁〉の退場の時も面箱持ちを連れ立って退場すべきであろうか。【もう一度問う必要あり。】

とにかく面箱は〈式三番〉がすべて終ってから下げるのである。翁役は舞が終れば面を脱ぎ、衣紋をつくろい、正面へ一礼して幕へ入る。【しかしさらに確かめるべし。これらはわれが大方見た通りを記録したものだ。】

〈三番叟〉をおどけて演じてはなるまい。近年、観客を笑わせているが、これは絶対あってはならぬこと。

とりわけ地謡は、一同声を合わせて、為手に心を配り装束の乱れを直すのだ。もとより他座の役者が入り混じることもないゆえ、ひとえにわが本分を守って、とりわけ大事な事と心掛けねばなるまい。声を合わせねばならぬ要所要所は決まりの通り。あいまいなところがあれば、為手に尋ねよ。誤りやすい部分は、謡い出しと謡い納めである。ばらばらにならぬよう。よくよく過去の翁を思い出して、つなぎ目をしかと整えよ。

舞台に立つ役者についてはさらに調べて記し置くがよい。以上は、われが直接見聞したものだけだからである。

貴人の御前の能では、鼓・太鼓などを前もって舞台に置いてはならぬ。役者がさりげなく持って出るべきである、と父世阿弥は申された。が、通常は若い役者の仕事である[320]。面箱持ちは、あまりに幼い者には担当させぬ。重い物なので、観客が見て危うげに感じるからである。また役者は、出入りに後を振り返って見てはならぬ。よくよく心がけるべきである。

十八．能のいろどり

能役者の心得や禄物などの決まりは別書[321]にあるゆえ、ここには聞き書きをしていない。その他、能のいろどりについて述べてみよう。

脇能の大臣は、上衣も袴も水干《すいかん》がよかろう。ツレの大臣は大口《おおくち》を付ける。牛大夫[322]が開口を勤めた時、鼓方へ向かってしゃがみこみ鼻をかんだ。これにより置鼓《おきつづみ》[323]が止められたのだが、絶妙の間合いで謡い出したと伝える。

開口の次に次第となり、名ノリとなるが、開口と名ノリの二箇所ともコトバになってしまう。重複を避けるため次第の後、名ノリを略しすぐに道行の謡につなげるがよい。ただ肝要なことは、脇の為手も狂言方も、能の本の通り忠実に謡い、語るべきである。文盲だからといって勝手に文句を作るのはよくない。

後シテの出で、シテが橋掛りでサシや一声を謡った後の掛け合いは、ワキが導いていく[324]場である。掛け合いがうまくいかぬ時は脇の為手の落ち度とされよう。脇能が終わり、二番目の能となれば、僧のワキツレを出すのもよい。が、三番目の能では、脇の僧は一人に限る。

女能で小袖は足で踏むほど裾長に着付け、肌着の練貫《ねりぬき》もしっかり身にまとい襟を閉じ、首から下の肌を見せてはならぬ。肌着をわが肌そのものとなすのだ。

鬘帯の幅広いものは見苦しい。また赤い帯などは、とりわけ品がないものである。帯の先がきっちりと揃うべく注意せよ。狩衣《かりぎぬ》の時は下になるため見えないからといってゆるがせにしてはならぬ。

能の様々ないろどりが趣を生み出すことを心得るべし。

〈蟻通〉では、松明《たいまつ》を振りかざし傘をさして出るが、この能の眼目はここにある。松明を扇で代用するわけにはいかぬ。

〈花筐《はながたみ》〉では、帝より贈られた花籠をいかにも大切に持ち扱うべし。

〈経盛〉は、船の作り物を青い練貫《ねりぬき》などで控えめに飾るもの。

〈隅田川〉の前半はいろどりに欠けるきらいもあるゆえ、ワキツレの旅人に大口をつけてもよかろう。

〈鵜飼〉の前場325では直面《ひためん》で竹笠をかぶって出ることもあるが、これは田舎での演出。時によりけりである。

曲により、もはや見飽きた姿ゆえ変えて演じることもあるが、それは決まりではない、として元のまま押し通そうとすることがある。頑《かたく》な考えだ。黒の鬘などは近頃毛の多すぎるものが目につきだした。これなどは能によって、姿を少し彩って替えるべきであろう。背丈の低い役者が、脇の大臣で風折烏帽子《かざおりえぼし》を深く折りたわめて着けているが、ことさら見苦しいもの。逆に背丈の高すぎる役者は、高く見えすぎぬよう装いには心を配るべき。

最近、近江猿楽の岩童《いわとう》326が京の勧進猿楽で、船の櫂《かい》を絹布で包み、上部に帯をからめて演じた。桟敷の見物衆は、これを見ただけで席を立ってしまったという。こうしたことも心得ねばならぬ。犬王は〈柴船の能[327]〉で、二寸の角材を削って棹とし、船頭になって漕いだものだが、この演出は面白いものであった。

またこれも最近、将軍義教の御前にてある者【三郎[328]である】が、〈鐘の能[329]〉を演じた。舞台が南向きであったため、わが右側に鐘楼を置き、左から鐘をついたのだ。この曲は舞台の向きにかかわらず、常に鐘は左に置き右からつかねばならぬ[330]。

〈逆髪の能[331]〉は、宮の物狂いゆえ姿が大事である。染めた水衣で（世阿弥が）出たところ、人々に賞賛された。以来、この演出が流行り出し、〈塩汲[332]〉などの能でもこれを着る。はなはだ奇妙なことをするものである。能によって装束を変えるもの。

〈空也上人の能[333]〉では、金糸入の頭巾《ずきん》をつけるが、これも何とはなしに不釣合いである。せめて角帽子《すんぼうし》[334]の刺繍を略し、老人らしく地味に装うべし。衣も薄墨色に染めるがよかろう。犬王は、〈念仏の猿楽〉で、絹の衣に長い頭巾を深々とかぶって演じたが、面白いものであった。

稚児を中途半端な形で出してはならぬ。ことに義満公が嫌われたもの。しかしながらお声がかりに応じて出さねばならぬ場合、大口をつけさせ他役につれそわせて出すがよい。ワキツレなどとして出て、同音を謡う役者は烏帽子をつけるべからず。地謡と紛れるゆえである。くわしくは別書[335]を参照されたい。

とかく能は、観客の登場人物への感情移入が大事である。舞台はもちろん楽屋でも細心の注意が必要となろう。揚幕はしっかりふさぎ、楽屋の内を客に見せてはならぬ。美しい女に化けたとしても、現実では楽屋で裸になり大汗をかいているもの。これがもしも見えてしまえば、余情も思い入れも消し飛んでしまうものだ。

座敷での謡は、正座し右手に扇をもつ。左手にはこれと対照に尺八[336]をもつが、尺八の口を衣の袖の内に引き入れ、指で衣の袖口をおさえていたものだ。貴人の御前では平伏したまま謡うこともある。

こうした所作は、さらによく尋ねずばなるまい。腰に下げる火打袋には金襴を用いた。こうしたものが舞のいろどりともなるのである。

十九. 額の長い面

額の長い面を作ってはならぬ。今は面を大事にして切ることはないが、なんともおかしなものである。頭《かしら》[337]に烏帽子や冠をかぶる時、面の内側の額の中ほどに着けるため、面の額の上部とかぶり物が離れて不様である。頭をつければ額はほとんど隠れるが、乱れた髪の間から見えるゆえ、具合が悪い。額の長い面はかまわず上を切ってしまえばよかろう。

二十．笛と狂言の名人

『習道書《しゅどうしょ》[338]』に諸々役者の規定があるゆえ、ここには委細を記さなかった。ただし、笛のこと[339]について、その中で棟梁の役者、少年の役者とあるのは観阿弥・世阿弥のことである。曲は〈少将の能[340]〉で、京に帰った丹波少将成経が、「思ひしほどは[341]」と歌を詠む内容である。

さて狂言役者では、大槌《おおつち》[342]と新座の菊[343]が理想的な芸位に達したものである。

菊の〈初若の能[344]〉での芸。子の初若は親に勘当された身であったが、親の戦を耳にしたゆえ、急ぎ由比ガ浜に駆けつけ合戦に参陣したところ、重手を負ってしまうという筋である。

菊が主人に「あの囚人を知っているか」と問われ、「恐ろしいことでございます」とためらうところ。しかし思い切って側に寄り、見ればその者が初若と知り、驚くところ。いかにも沈痛な面持ちでこれを親に告げる、深い思いのこもったところ。菊のこれらの演技力は絶賛されたものであった。狂言もこうした芸を目指さねばならぬ。

後の槌大夫[345]は、義満公が見出した役者である。そもそも狂言役者は、日常生活においても狂言になりきっておかねばならない。舞台に立つ時だけ、にわかに狂言方になろうとしても、客は感情移入できず、芸に引き込まれないものである。

後の槌大夫がある日、北山の将軍邸の高橋[346]で幕府の役人と行き合った。役人は相手が槌大夫と気づき、自分の顔を扇でかくして通る。槌大夫は近寄っていき役人をそっと見、自分もまた扇で顔をかくしながら行き違ったという。こうした心がけこそ、上手の心なのだ。

おおむねこれらが、世に認められ、理想的な芸位に達した役者の芸風といえよう。

二十一．田舎の芸風

田舎の芸風について。金春権守《こんぱるごんのかみ》[347]、金剛権守《こんごうごんのかみ》[348]はついに将軍に認められることはなかった。京都で勧進能を行なっても、将軍の御成りはない。金春の京での勧進能は二日で打ち止めとなった。金剛の南都（奈良）での立合いは、二番舞って出演を差し止められたのだ。しかしこれさえ、能が盛んだった時期、たった一度きりの華やかな思い出といえよう。今の世は、芸道も廃り、日頃ろくに能も舞えぬ者が、運だけで押し出してくる。しかし真実の意味で出世したとはいえまい。

金剛は、かさ[349]のある為手であった。しかしかさがあり過ぎて大仰な芸と見られたものである。

金春は舞の舞えぬ為手であった。けしからぬ真似をした。「扇たたかせ、鳴るは瀧の水[350]」と謡い、舞い始めると思わせて、「わが子、小二郎か[351]」へとび、さっと幕へ入ってしまう。意図が知れぬ、と当時批判されたものだ。

さらに、「桐の花咲く井の上の[352]」では、笠を前にあて、きっと上を見上げた。こうした当てぶりばかりして見せたものだ。他座の金剛から、目に余るやり方である、と苦情を申し立てられたほどである。貴人の館での舞でも、くるくる、きりきりと早業《はやわざ》を連続し、膝返りなどをして舞い留めたもの。

「そのような曲芸がゆるされる場所と心得るか」と、赤松殿身内に叱責されたこともある。

「あら懐かしのあまびとやと、御涙を流し給へば[353]」の「御涙」は金春の節である。あまりに細々とした事を長々と書き記すものではない。同曲の「乳の下をかい切り玉を押し込め[354]」の段は、黒頭《くろがしら》をつけ軽々と装い、機敏に演じたが、女体の能には似つかわしくない演じ方ではあるまいか。

金剛はいずれの曲柄をも演じられる為手であった。金剛の〈雲林院の能[355]〉【後シテは老人風の演技。掛け合いは悠々と謡うべし[356]】で、「基経の常なき姿になりひらの[357]」と謡い、松明《たいまつ》を振り上げ、きっと居直ったが、興福寺南大門の雄大さにも決してひけをとらない姿であった。

近江の別当[358]の舞を真似たが、機敏にしてのびやかに、しっかりと舞ったものである。

以上、この両人についてひそかに聞いたことではあるが、京都と田舎の間、猿楽の良し悪しをわきまえるために書き記した。よって、さほどくわしいものではない。京都の貴人宅においても、膝拍子・膝返り[359]などをやってのけた者どもである。

他の狂言役者では、ヨシヒトウエ[360]という者がいた。かの者を世阿弥は京都へ伴わなかったのである。

「槌大夫が打たれる（食われてしまう）ゆえ、同道させぬのだ」

などと京の芸の程度を知らぬ者はいった。しかしもとは宮歌いの家の子[361]であり、取るに取らぬ芸である。せいぜい仲間内で笑いを取れるほどであろうか。このような例で、京都と田舎の芸位の違いを測り知ることができる。よってこの段は重要なのだ。

他には、与二郎とヨツ[362]が格の高い狂言役者、路阿弥《ろあみ》[363]が上手と目される役者であった。

十二権守《じゅうにごんのかみ》[364]は下三位[365]の芸力であったが、まれに中三位の上の芸位に上る舞台もあったものである。世阿弥の忠告により、砕動風《さいどうふう》の鬼[366]を修得した。正長元年[367]（一四二八）、御前に召し出され、能を舞う。この時の能が評判であったゆえ、十二権守は世阿弥へ感謝の文を送った。文面は以下の通りである。

久しくお目にかかりませんが、お懐かしゅうございます。ゆるりとお会いして、くわしく申し上げたいことがあり、御館へ二度お伺いしました。しかし、いずれもご他出の折、ついにお目にかかれず残念で仕方ございません。

さてこのたび、将軍家よりお召し出しがあり、上京いたしました。当年の御前能につ いては、ますます老いも進み、ご遠慮申すべきと存じ、その旨申し上げたのですが、上意につき力及ばず京へと上り、いくたびか御前で能を舞うこととなりました。将軍家をはじめ皆様方にもお認めくださり、老いの面目を立てることができました。そしてこれにつき、なんとしても申し上げたいことがございます。

かように老いさらばえた身にありながら、将軍家にお認めいただけたことは、すべてあなた様のおかげによるものです。かつて私の能についてご指導いただいたこと、さらに北山御所での演能に際し、ご親切に指導いただいたこと。これらを今も忘れず、心に留め舞台をつとめてきました。

しかしながら、たとえその心がけを守ったとしても、自分に似合わぬ能を舞ったとしたら、このたびのごとき御意を得られようはずもございません。

私にふさわしい能をあなた様は多く作ってくださり、それらを演じてきました。今では、こうした能を多くの役者が演ずるようになりました。しかしそもそも私のための能ゆえ、他の役者に合うはずもなく、似合わぬ能を舞ったところで、うまく演じられるはずもありますまい。こうしたことはひとえにあなた様のおかげです。この思いをなんとしてもお伝えしたい、と二度参ったのですが、お留守のため残念でなりません。

私はもとより片仮名すら書けぬ愚かな者。なおさら手紙などというものは、書けようはずもなく、これを人に書かせています。さだめて私の思いそのままというわけにはまいりますまい。

直接お伺いしてお礼を申したく存じますが、今はこれにてお暇申します。長々と京に留まることもできず、今夜の内に下りますので、この手紙をお預けしました。もしもあなた様が大和へお運びの折あらば、お目にかかり、くわしくお話をさしあげたいと存じます。再会の日を楽しみにしております。恐々謹言。

八月四日　　　　　　康次　判

余白の追って書きには、このようにあった。

繰り返しにはなりますが、こうしたことは手紙ではなく、お目にかかって申し上げるのが筋と思います。生涯にわたるこのご恩を孫子の代まで決して忘れるものではございません。
かえすがえす御礼申し上げます。

世阿弥陀仏へ奉る【上書　腰文に書かれていたもの】　十二

道を貫く者の意地はかくのごとしである。

また、犬王は毎月十九日、観阿弥の命日[368]に、自分が世に出ることができた恩人のためにと、僧を二人呼び供養をした。将軍家【鹿苑院殿】がはじめて猿楽をご覧になったのが、観阿弥の今熊野の能だからである。この時、世阿弥は十二歳であった。

二十二 能面

能面について述べる。

翁の面は、まず日光のものがよい。次には弥勒《みろく》も優れている。われわれの座[369]の翁面は弥勒が打ったものである。当座を創立した時に、伊賀小波多《おばた》[370]で見出したのがこの面なのだ。

近江には赤鶴《しゃくづる》【猿楽役者である】という鬼の面の名工がいる。近頃、愛智《えち》[371]と称し比叡山延暦寺座禅院に仕える面打ちがいる。かれの女面はすぐれたものだ。

越前の面打ちでは、まず石王兵衛《いしおうひょうえ》、そして龍右衛門《たつえもん》、夜叉、文蔵、小牛、徳若《とくわか》と名手が続いた。これらの内、石王兵衛、龍右衛門までは誰が着けても問題はない。が、夜叉以降の作者の面は、演者を選ぶのだ。金剛権守が用いた面が、文蔵の真作である。

当座では、老いた尉の役には龍右衛門作を用いている。まさに〈恋の重荷〉の面、と貴人にお褒めいただいた笑尉《わらいじょう》は夜叉の作であった。〈老松〉の後場などには小牛作を用いている。

愛智一派がいくつか面を打ち、近江猿楽に贈った。しかし後に、大和猿楽の名人こそこれを用いるべし、と岩童が世阿弥へこれを譲ったのである。今は宝生大夫が所蔵する女面と細いつくりの尉面が、この時の面である。この尉面は、いくたびか〈源三位《げんざんみ》[372]〉に彩色の上、用いられたものだ。

男の面では今、千種《ちぐさ》の面が高く評価されている。若い男の面は龍右衛門作がよい。

出合座《であい》373の飛出《とびで》、当座の天神、大癋見《おおべしみ》、小癋見《こべしみ》はすべて赤鶴作である。当座の大癋見を他国では大和癋見と呼ぶ。大癋見と天神は、観阿弥よりの重代の面である。飛出は、菅丞相《かんしょうじょう》が柘榴《ざくろ》をかっと吐き出した形相をとらえたもの。天神は、〈天神の能374〉に用いて以来、この名となった。この面はさる人のもとに貸し出されていたが、夢のお告げにより当座へ返されることとなる。よって観世家では秘蔵していたが、再び夢のお告げがあり使い出したのだ。

小癋見は世阿弥が初めて着けて演じた面である。世阿弥以外でこれを着けて演じられる力量の者は当代にはいない。〈鵜飼〉の初演が、この小癋見であった。他の面で〈鵜飼〉を演じる時に、世阿弥は少し和らげて演じたものである。芸位に相応した面を着けねばならない。

当座のやや年嵩の女面は愛智のものだ。世阿弥は女能にはこれを好んで着けた。【さらに

当代、価値の高い能面が多くある。】

二十三、猿楽の諸座

大和猿楽は始祖秦河勝《はたのかわかつ》375の直系である。近江猿楽は、紀権守《きのごんのかみ》376の末である。よって姓は、紀氏である。【時代はよくよく調べねばならぬ。】

大和では、竹田座377、出合座、宝生座378が、それぞれ婚姻関係を交え存立していた。

竹田座には根本の面379【河勝より伝わる】など、重代の面がある。

出合座は山田猿楽[380]が前身である。伊賀の国、服部[381]【平氏である】の杉の木の子を、おうたの中[382]という人が養子としていた。この養子が京都で妾腹に子をもうける。その子を山田の美濃大夫が養子にしたが、三人の子をもうけた。嫡子が宝生大夫、次男が生市《しょういち》[383]、末子が観世。三人はこの人の血を受け継いでいるのだ。この山田の大夫は早世した。

金剛は、鎌倉より上ってきた松と竹という者、二人が建てた座である。名字はもたぬ【なお調べて追記したい。】

近江では、敏満寺《みまじ》の座[384]が、古くから続いている。

山階座《やましなざ》[385]は、山階に住んだ下級武士が興した。敏満寺座の娘と婚姻し、猿楽を志す。山階の明神、おそらく春日大明神であろうか、その神社に参籠してわが将来を祈願した。そうしたところ、烏が社殿の上から物を落とす。何かと見れば、翁の面であった。この上は、とついに猿楽の役者となったのである。この初代山階大夫は、嫡子を山階に置き、弟を下坂[386]に置き、三男を日吉《ひえ》[387]に置いてそれぞれ猿楽に従事させた。これよりその三座が成立したのだ。

山階が三座の惣領であるため、日吉神社の神事猿楽は今にいたるも、正月一日より七日まで、山階が一人で〈翁〉を続けて勤めているのだ。この時用いるのが、右に述べた翁の面である。この正月の〈翁〉について言い伝えがある。初代山階大夫が夫婦連れ立って大晦日に参籠した時、三歳になる子が急死してしまった。大夫は、子々孫々、末代にいたるまで同神社で正月一日の猿楽を勤めるゆえ、わが子を返し給え、と祈念したところ、不思議に子は蘇生したという。その願を果たすため、今日にいたるも正月の〈翁〉を勤め続けているのだ。

今の岩童の祖父が、下坂という座名を捨て、日吉を号するようになった。比叡山延暦寺の命に従ったというが、なんとも無念なことである。

敏満寺座、大森座[388]、酒人座《さこうど》[389]を近江の下三座《しもさんざ》[390]という。

丹波のしゅく[391]が、亀山院の御前で猿楽を演じた。院は御感あって、この者を「長者[392]」に任じられたのである。新座《しんざ》[393]・本座《ほんざ》[394]・法成寺座《ほうじょうじざ》[395]、三座の長者である。当道の誉、これに過ぎるものはあるまい。

また、河内榎並座[396]の馬の四郎[397]は、おそらく梶井殿[398]と思われるが【しかと覚えぬゆえ、さらに調べるがよい】、その方から褒美として馬の紋を賜り、このように呼ばれたのだ。

道阿弥の「道」の字は、鹿苑院殿の法名道義より「道」の一字を下されたものである。

世阿を「ぜあ」と発音するが、これは鹿苑院殿が、

「観世という時は、世をゼと濁っていうものだ。これに倣うべし」

と仰せになり、ぜあとお呼びになるようになったことにちなむ。

この頃、管領を辞した勘解由小路殿《かでのこうじ》【武衛《ぶえい》399】が、兵庫で犬追物《いぬおうもの》400の検見役を勤められた。将軍家が着到状に自筆で「先管領《かんれい》」とお書きになったので、これより今にいたるも勘解由小路殿を先管領と呼ぶようになった。管領職と同様な扱いをいただいたことは、世阿弥にとって面目の至りである。

亀阿は、前名「亀夜叉」より、「亀」をとって、喜（亀）阿を称した。観阿は出家後の法名であったが、一度還俗し、再び出家する前に亡くなってしまった。

二十四．世阿弥と霊夢

応永十九年（一四一二）【さて、この年であったか。さらに調べてみるべき】十一月、稲荷神社のある法性寺大路に住いを構える、橘倉《たちばなくら》[401]の主人が過ちにより大怪我を負い、あわや危篤という時、稲荷明神がその家の下女に憑き、

「観世に能を舞わせてわれに見せるなら、主人は平癒するであろう」

とご神託が下った。よって稲荷神社へ世阿弥が能を奉納したのである。かの女は重ねていう。

「能は都合十番舞うべし。三番を伊勢天照大神にお見せし、三番を春日大明神に、三番を

八幡大菩薩に、そして一番をわれ（稲荷明神）が見ん」

このお告げに従い、能を十番舞ったのである。

世阿弥がかの家へ挨拶に参ると、家人は「観世が来た」と内へ招じ入れ、赤の衣を下された。この品は今もわが家にある。

また、応永二十九年（一四二二）十一月十九日のこと。相国寺《しょうこくじ》あたりに住む、桧皮葺《ひわだぶき》大工の娘が病で重態となった。この時、北野天満宮より夢のお告げがある。

「東風《こち》ふかば[402]の歌の三十一文字を頭に置いた歌を詠むべし【すすめ歌[403]である】。これらを観世に合点《がてん》[404]させ、神前に納めよ」

と明らかにご託宣が下ったゆえ、歌を詠ませ縁故をたどって世阿弥に合点を求めてきた。ご神託ゆえ辞することもならず、世阿弥は水垢離《みずごり》（水行）をとって歌の合点をしたのである。

この時世阿弥はすでに出家していたゆえ、「お告げのいう観世とはいずれ[405]であろうか、とたずねると、世阿弥、との仰せであった」ということであった。

世阿弥がかつて藤若《ふじわか》を称していた昔、大和多武峰《とうのみね》406の衆徒が、重代として天神様（菅原道真）自筆の阿弥陀仏の名号を所持していた。これを天神様のお告げを二度までも見たということで、世阿弥に下されたのだ。今もこれは家にあり、文字は金泥《こんでい》である。

かようなことは大仰にも聞こえようが、当道が神慮にも叶う証しとして書き残した。はるか昔、大和初瀬寺の滝蔵権現《りゅうぞうごんげん》に秦氏安《はたのうじやす》407の祈願が納受されたという伝説がある。が、それ以来こうした話は絶えて聞くことがなかったのである。

二十五．田楽の事

田楽の起源について。比叡山延暦寺の中間《ちゅうげん》[408]である、坂の上の良阿《りょうあ》法師[409]がある日、東塔[410]に行くと、幅広の笠をかぶり赤い装束をまとった者が、棒の先に飛び乗ったり、刀を放り投げたりしていた。良阿がこれを青蓮院《しょうれんいん》[411]に申し上げると、「されば汝、これを学ぶべし」とあったので、十三人の中間がこの芸を習得することとなる。それよりこの芸が興ったという。

またある説によると、日吉御臨降《ひえごりんこう》[412]の時にお供をした某《なにがし》【調べねばなるまい】より始まったと伝える。それゆえ今も日吉の御神事に田楽役者三人が、黒い面を首にかけて渡御《とぎょ》[413]の行列に従っているのだ。

一忠以前では、たられん・かうれん[414]という名人がいた。いずれも京都本座の役者である。花夜叉[415]と藤夜叉[416]は、大和新座の役者である。

二十六、松囃子の事

松囃子《まつばやし》[417]の正統を伝える家は、今はもうない。祇園祭の行列に加わった松囃子が手本ともなろうが、永享二年（一四三〇）正月、室町将軍邸で松囃子を催した時、その家が絶えてしまったゆえ、世阿弥へお尋ねがあったのだ。世阿弥は、

「松囃子の最初の節は祝言がかりでまっすぐに謡うべきです。「松は風、をさまりて雲も稲荷山、をさまりて雲も稲荷山、をさまりて雲も稲荷山。栄ゆく御代の花衣、春ぞめでたかりける」。このように謡います」

とご指南さしあげたのだが、このたびの松囃子は少々長かったかもしれぬ。

二十七．薪のご神事

南都薪のご神事[418]、昔は時期が定まっておらず、夏などにもとり行われることがあった。しかしそうした折には、猿楽座が地方に巡業しており、出勤できないという事態となる。寺は観阿弥を呼び出し、厳しく問い質したので仔細[419]を申し開いたのである。これにより、

「たしかにさよう。猿楽一座に苦を強いるは不憫なり」

と時期を二月に定めることとなった。観阿弥は二月に決めていただけるなら、末代までも欠勤することはないと約定する。よって当結崎座《ゆうざきざ》[420]はこの月のご神事を必ず勤めねばならぬ。

二十八．永享元年の興福寺能

永享元年の薪のご神事。三月五日に一乗院《いちじょういん》[421]でも別当坊猿楽を催した。円満井座《えんまんいざ》[422]と結崎座の立合い能であり、脇能はくじ引き[423]で決められた。この年、結崎座がくじに当たり、観世大夫元雅が〈八幡放生会《やわたほうじょうえ》の能[424]〉を舞ったのである。このくじは前年の催しの際、寺務別当坊にてあらかじめ引いておいたものだ。大乗院で別当坊猿楽が演ぜられる時は、単独の座の出勤となるため脇能の争いは起こらない。

二十九．猿楽役者日常の心得

今、猿楽役者が普段の外出に、小者に太刀をもたせているが似合わぬことである。犬王道阿弥が小者に打刀《うちかたな》[425]をもたせていたが、珠阿弥陀仏《しゅあみだぶつ》[426]に厳しく叱責されたことがあった。すなわち美しい袋に着替えを入れて小者にもたすべきであろう。しかし刀を携えねばならぬ時は、小者に短い打刀を差させて従えるべきであろうか。

こうしたことは、昔はなかったことである。しかしながら、あまりにへりくだり過ぎることもよくない。近江猿楽の衆は、地元で延暦寺衆徒の若党のごとき姿をしていると聞く。これもいかがであろうか。猿楽者として普段は着流しの姿がよい。おのれの分限をわきまえるべきである。

神事参勤を根本として、貴人の御意に従わねばならぬ。敬意が表れねば、失礼にもなろう。細川武州殿[427]の御前で、猿楽のある役者がご挨拶さしあげた時、「かように無礼な輩は見たこともない」とお咎めをこうむったこともある。ただの挨拶と決して軽く見てはなるまい。

万一他座の役者を見物される座敷に伺候し席を外す場合は、時機を見はからって、すっと立つのだ。機を逸してはなるまい。こうしたところが雑では、仕方がない。

増阿弥の勧進田楽の際、

「近江の岩童は、多勢引き連れ将軍家の桟敷下に伺候した」

と批難されたが、これに対し、

「観世はただ一人で参った。やはり名人といわれるだけのことがある」

と称えられたものだ。


さてこの道（猿楽）は、「礼」か「楽」かと問えば、「楽」を重んじるもの。人と人との間を和やかにつなぐべきである。人情の機微を知る人でなければ、行き詰ることもあろう。鹿苑院殿の愛妾、高橋殿428【もとは東洞院の遊女であった】は、万事人あしらいにたけ、ことに将軍家の覚えめでたく、生涯愛され続けた人であった。将軍の気分を汲み取り、酒の席では勧める時は勧め、控えるべき時は控えさせ、細やかに心を配って身を立てたのである。

以上、世間の評判を書き記した。

世阿弥もこうしたところが人の及ばぬ名人である、と称えられたものだ。

三十．稽古の順序

たとえ天性の名人であろうとも、稽古の順序をわきまえ、芸の本質に分け入って定めていかねば、後継者は育たぬものである。たしかに自分一人だけは名人かもしれぬ。しかし名人の多くが、後継者を得られず一代で絶えてしまうのだ。

ただ、中初・上中・下後[429]の順で稽古、修業していけば、芸道を正しく進むことができよう。しかし人みな「下」の位から始めてしまうため、芸が上達せず、道も絶えてしまうのである。よくよく慎まねばなるまい。

三十一．神事への奉仕

地方巡業のために、神事を疎かにして、遅参したり、春日若宮の祭に欠勤したりする。こうした心がけゆえ、ますます運が傾くのだ。たとえ今がよかろうとも、いずれ神罰が下ろう。神事を根本に置き、その間、間に収入を得るための地方巡業である。

また、氏子が願主となって奉納する〈翁〉を軽んじている。さっさと舞って、一回百文を請求する。その上願主が少なく実入りがなければ、露骨に嫌な顔をしてみせる。こうした風潮はいかがすればよいものか。こういう性根の者どもは、将来ろくなこともあるまい。来世は地獄に落ちるに違いない。

付載　結崎座の規約

好色・博打・大酒・鶯の飼育[430]。これらは観阿弥の禁じたものである。

・結崎座の定め

一[431]．座の各役に就任した場合、それぞれ負担すべき振舞い酒の額は以下である。

長《おさ》[432]は十貫文[433]。権守[434]は三貫文。大夫[435]は二貫文より、各人の年齢や格に応じて負担すべし。

一．多武峰《とうのみね》維摩《ゆいま》八講猿楽《はっこうさるがく》[436]での下賜物品の配分については、以下の通り定める。

二日に一合ずつ酒肴が下されるが、一合分を長が受け取る。

また、頭屋《とうや》[437]の下賜物の配分については、果物は下賜ごとに一合を長が取り、高杯に据えた染物・布のたぐいは、三頭屋の内、一頭屋分を長が取る。また下賜された飾り物、作り物（州浜台など）があれば、その中の良い物を一つ長が受け取るべし。二番目の作り物を座の世話人が取る。三つの作り物があれば、大夫へと格に応じてこれらが配分されるのだ。

下賜の馬[438]があれば、さしあたり千文分を長の取り分とする。大瓶の酒は二日分の内、良い物を長が取って、もう一つを座の世話人が分けて取ることとする。

一．所得の配分について。上座《かみざ》衆では、長の配当は三、端居《つまおり》[439]の配当は二、三座[440]は一つ半とする。四座[441]より六位までは、一を三分して配当される。中座《なかざ》衆[442]では、一臈《いちろう》[443]が二分の一、端居が三分の一を配当される。その他の酒肴や禄物などの収入は席次に応じて分配せよ。

一．若宮御祭、薪猿楽の義務的参勤に対する規定について。薪猿楽への出仕に対して、上座衆へは四百文、中座衆へは二百文、それぞれ支給する。両堂[444]の猿楽に欠勤した場合は酒一瓶を罰とし科す。しかし、御社《みやしろ》[445]を欠勤した場合、手当はない。本人が病の場合と服喪の時は参勤せずとも手当が支給される。

一．若宮御祭の馬場渡りの行列に欠勤した時は、百文の罰金を徴収する。鼓打ちは五十文。

一．多武峰八講猿楽の義務的な役について。大和国内はいうまでもなく、伊賀・伊勢・山城・近江・和泉・河内・紀ノ国・津ノ国、これらの国にいながら欠勤した者は、座を永久追放される。これらより遠い国であれば赦されよう。

一．参勤中の規程。薪猿楽の開催期間中[446]は、座にいなくてはならない。若宮御祭と多武峰八講猿楽では、前後四日間滞在すべし。年長者は遅参しても上席につける。同年齢の場合はくじで席次を決めよ。この三つ以外の催しの席次は先着順とする。

一．新入り役者の入座料の配当。入座料の内、千文を長が取る。中座への入座料は、千文を長と中座の一﨟が、分けて取るべし。

一．親子で勤める役者について。親が義務的な役に欠勤した場合、子が出勤していても配当に与えぬ[447]。親が出勤しても、欠勤した子が十歳以上であれば、子の分の配当はない。

一、座の会合の酒代は、千文を長が支払うべし。若宮御祭の見参酒448も長が負担せねばならない。

以上

この規約には、座の世話人の任期や入座料について具体的に記されていない。よく調べ、加筆せずばなるまい。

奥書

右、三十一か条、父上の教えをよもや聞き誤りはすまいと存じますが、もしもさようなことがあればお許しください。心の中だけは固く教えを守りぬいた証しとしてこれを認《したた》めました。

ご一覧の上、火中へ投じてくださるようお願いいたします。

たらちねの道のちぎりや七十路《ななそじ》の老いまで身をも移すなりけん

（父上は七十になっても固く芸道を守って精進される。老いてなお身を引くことのない

道の尊さかな)

ははそ原かけ置く露のあはれにもなを残る世のかげぞたち憂き
(母上が慈しんでくださった御心を思うにつけ、仏門に入ろうとする身にも世の情けは断ち難いものである)

恩ヲ棄テ無為ニ入ルコソ、真実恩ニ報ズル者ナリ
(一身の恩を捨てて悟りの道に入ることが、まことの恩を報ずることである)

たちかへり法《のり》の御親《みおや》の守りともひくべき道ぞ堰《せき》なとどめそ
(いずれ親の後世をも守る道。そのため芸道を捨てるのです。どうかお引止めくださいますな)

永享二年（一四三〇）十一月十一日

志ヲ遺スタメ、コレヲ書ク。　秦元能[449]

補遺

一[450]. 河内の榎並座[451]に徳寿《とくじゅ》[452]という者がいた。この役者の獅子舞はまさに神技である。また増阿が子供の時、鹿苑院殿の御前で獅子を舞ったが、これも面白いものであった。

一. 喉の薬に世阿弥は正気散《しょうきさん》[453]を用いた。味噌気、油気はとくに控えたものである。舞台の直前、演能中は熱湯を飲み、喉を焼くがよい、といって正気散とともに用いていた。楽屋では重湯が役に立つ。

【これは最近書き加えた項目である[454]】

南都雨悦《あまよろこ》びの能[455]について。永正十一年（一五一四）戌《いぬ》の年、十月二十八日の能の初番はくじ引きで決められた。この時は外山《とび》座[456]が当たって初番の能を勤めたのである。金剛座が二番目、観世座が三番目、金春座が四番目であった。

脇能〈矢立賀茂《やたてかも》[457]〉、二番〈元服曽我〉、三番〈姥捨〉、【金春の新作】四番〈敦盛[458]〉、宝生〈隅田川〉、〈宰府《さいふ》[459]〉、〈昭君〉、〈山姥〉、〈【幽霊】熊坂[460]〉、〈葛城〉、〈藤戸〉、〈車僧〉、〈松虫〉、〈相生〉、〈杜若〉、〈猿沢[461]〉、〈盛久〉。

以上の十七番であった。

一．〈式三番〉は若宮御祭と同様[462]である。禄は一座あたり三千疋《びき》[463]である。規定通りに座衆も貴人の礼服と合わせて装う[464]のだ。非座衆は略礼服でよい。御祭と同様に、茶屋も設え、つくり物も出す。雨天順延の日にも雨が降ったなら、式舞台を用いる。

別本聞書

【これより巻末までは[465]、「聞書」と題した別書である。が、分量も少ないため、『申楽談儀』奥の余白に書き加えた。】

・扇落しの手

扇落しの手は、定まった型ではない。出す手で落としたのであれば、すぐにその出した手で拾いあげる。引く手で落としたなら、そのまま引く手ですぐに取ればよい。

・音曲の文字扱い

謡の自立語（名詞、動詞など）部分は詰めて謡い、「てにをは」の部分は場合により、長くも短くも扱うのである。

・声の律呂

宮《きゅう》[466]はつく息であり、商《しょう》は引く息である。つく声が地となり、引く息が天となる。律が天、呂が地。さればこそ、律―呂の順に書くのである。とはいうものの、現実の人間は地に居るものなので、地、すなわち呂の声で祝言を謡うべきである。呂は祝言、すなわち喜びの声であるならば、律は悲しみの声というべきであろうか。

しかしまた、天から地が生れたとすれば、天が根本である。こう考えるならば、律を喜びの声とも申せよう。いずれにせよ五音の宮・商の間を、上りかつ下ってあらゆる音曲の美が作られるのだ。これが大事なことである。

・天女の事

観阿弥は天女の舞467を舞わなかった。しかし世阿弥には、「舞うべし」と遺言した。よって世阿弥は多武峰の猿楽で初めて天女を舞ったのである。

・猿楽道の先達や増阿弥などの短所について

一忠は内股気味であったとか。

喜阿は謡の名人であったが、まれに横《おう》の声で謡いだした[468]のに、やはり横の声で謡い納めることがあった。

〈清水寺《せいすいじ》の曲舞《くせまい》[469]〉には小歌節《こうたぶし》がある。「嵐に類《たぐ》う松ヶ枝は、おのれと琴を調べて」の「嵐に類う」までは角《かく》[470]で謡うゆえかろうじて曲舞節といえようが、「松ヶ枝」からは小歌節に変わる。

「行叡《ぎょうえ》は東をさして[471]」のところも小歌節である。つまり喜阿は本式の曲舞節をついに謡わなかったといえよう。

喜阿は文盲であった。「みこころを得ては[472]」という詞章を「みこころにをいては」と謡い、「はて、この「みこころにをいては」とはいかなる意味か」と人にたずねたものだ。

「公光《きんみつ》と申す者なり[473]」を喜阿は訛《なま》って発音したが、道阿[474]はこれを嫌ったもの。「松には風の音羽山《おとわやま》[475]」の「松には風」が訛っていると喜阿が指摘したことがあった。しかし、「秋の野風にさそはれて[476]」の「風」も同じく訛っている。良い節訛はむしろ面白いものだ。昔は、さほど言葉の強弱抑揚までも吟味しなかったのであるが。

増阿も、喜阿の悪いところは直していたという。しかし増阿は開口《かいこ》[477]で、「長生不老の政《まつりごと》は、この御代に治まり」の「治まり」を落として謡った。これでは祝言謡とならない。増阿の開口が面白いと評価されるのは、祝言謡に望憶[478]のかかりがあるからである。とはいえども、祝言謡には本来面白い節回しがあってはならない。

（不明文[479]あり）橋掛りから舞い始めたが、これはさほど好評ではなかった。ぐっとこらえて、「さあ。舞うぞ、舞うぞ」と期待させたいところである。橋掛りで早々に舞ってしまっては、本舞台に入ってから手詰まりとなってしまおう。

〈東国下りの曲舞〉には、曲舞として感心できぬところがある。まず、同じ節付けの繰り返しが多い。作曲者の南阿弥陀仏は節付けの上手ではあるが、あまりにクリ節が多く、世間では、「あれは女曲舞《おんなくせまい》だ」と評したものである。

〈弓矢立合〉は奇妙な曲である。「桑の弓、蓬《よもぎ》の矢」と謡い出すが、この声がまず祝言謡から外れているのだ。わけがあってこのようになった、というものの立合い舞の音曲を聞きかじった程度の者が作った代物である。

平曲には、納得のいかぬ節付けがある。「この馬、主の別れを惜しむと見えて[480]」という部分を、もっとも高い音調へ上げて謡っている。こうしたところはコトバで謡い、例えとして引かれる詞章などを高い音調で謡うのがよい。

「頃は卯月二十日あまりのことなれば[481]」なども高い音調だが、いかにも具合が悪い。こうしたことは人に理詰めで問われたとしても、言葉では説明できぬもの。ただ会得した者同士でうなずき合えることといえようか。

音の調子に上無調《かみむちょう》・下無調《しもむちょう》482というものがある。これらは用《ゆう》483の声である、と世阿弥はいった。

「私の芸位で、父観阿弥に劣るところがある。しかし誰も気づいてはおらぬようだ」

と世阿弥がいうので、尋ねてみると、

「私は足が利きすぎる484ので、そこがどうしても父に及ばぬのだ」

と答えた。

Endnotes

1 世子六十以後申楽談儀　秦元能聞書——原本の原題と著者名。世子とは世阿弥の敬称であり、世阿弥が出家した六十歳以降に聞き書きした能の談話、という意味の書名である。秦は、元能が称した氏。大和猿楽は秦氏を称しており、世阿弥も『風姿花伝』に秦元清と署名している。

2 遊楽——申楽《さるがく》（注4参照）のこと。

3 物まね——申楽の演技。「物に学《まね》ぶ」が語源。

4 申楽——現在の能。なお「申楽」の表記は世阿弥著書のみで、一般には「猿楽」と書く。本書においては以降の段落は「猿楽」で統一する。

5 神楽をもととする——『風姿花伝』第四神儀云に、聖徳太子が神楽より申楽を作った際、「神」の偏《へん》を取り、旁《つくり》のみを残して「申楽」と名付けた、とある。

6 二曲——舞と歌、二つの主要なもの、の意。世阿弥『二曲三体人形図《にきょくさんたいにんぎょうず》』より。

7 志を述べることを歌という——毛詩大序の「在レ心為レ志、発レ言為レ詩」や、書経舜天の「詩言志、歌永言」などより。

8 『三道』——世阿弥が元能に応永三十年に相伝した能作書の別称。

9 上果の位——『三道』にいう、「上々の果報」の位。果報のあるめでたい、理想的な芸位のこと。

10 三体——世阿弥が規定した三つの物まねの基本。すなわち、老体・女体・軍体。

11 砕動風の鬼——世阿弥『二曲三体人形図』に規

定する鬼の芸体の一つ。形は鬼でありながら人の心を残す鬼。「心身に力を込めず軽やかに細かく身を使う」とする。

12 『風姿花伝』——世阿弥の代表的な能の伝書。次の一文は（第五）奥義の要約である。

13 十体——『風姿花伝』に規定する十種類の物まねの基本形。女・老人・直面《ひためん》・物狂《ものぐるい》・法師・修羅・神・鬼・唐事《からごと》。実際は九つである。

14 一座を建立し——猿楽一座の経営基盤を固めるという意味。

15 われは——世阿弥のこと。原文の文体は、世阿弥の一人称直接話法（〜也）と元能の聞き書き体間接話法（〜と也、〜云々等）が部分により混在しておりわかりにくいが、内容は原則的にすべて世阿弥が語ったものである。

16 狂い能——まことの冥土の鬼である力動風《りきどうふう》の鬼。

17 一忠——田楽本座《ほんざ》の名人とよばれた。観阿弥が二十二歳の時に没した。

18 清次——観世流祖である観阿弥の実名。法名、観阿弥陀仏。世阿弥の父である。観世座大夫として、初の将軍御前能を興行。猿楽に数々の音曲・演出の改革を実行し、今日の能のもとを作った名人の一。

19 犬王——近江猿楽日吉《ひえ》座大夫。法名、道阿弥陀仏。舞を中心とした幽玄な芸を得意とし世阿弥の能に多大な影響を与えた。

20 喜阿——田楽新座《しんざ》の名役者、喜阿弥。芸名亀夜叉、亀阿弥とも。謡の達人であったという。

21 世阿弥——室町時代の能役者。観阿弥の子で、二代目観世大夫である。実名は元清。芸名が世阿弥陀仏である。今日の能の大成者として知られ、多くの能を創作し、理論書・著作も自ら手がけた。

22 京極道誉——佐々木道誉。鎌倉末から南北朝時代の守護大名。南北朝時代特有の美意識をもつ婆娑羅《ばさら》大名として知られ、連歌をはじめ立花、茶道、香道、猿楽など様々な分野で高い文化的素養を示した。

23 南阿弥陀仏――謡の作曲者。〈東国下り〉、〈地獄の曲舞〉を作る。義満に近侍し、観阿弥を将軍に引き合わせたとされるが、出自等の伝は不明。もと関東の武士ともいう。

24 しゃくめいたる――不明の語。くしゃくしゃした、しわになる、など擬態的な形容語であろう。

25 鹿苑院殿――室町三代将軍足利義満。

26 高法師――原注にマツヤシヤとある。伝不明。

27 日吉座――近江猿楽の一座。現在の滋賀県大津市坂本を本拠地とした座。日吉は「比叡」とも書く。

28 牛熊――近江猿楽日吉座の脇の為手《して》（注50参照）。

29 しづや――田楽新座の役者と思われる。

30 五位――世阿弥の伝書『五位』で、能の芸風を、妙風・感風・意風・見風・声風に分けたもの。声風は音楽的魅力にすぐれた芸域。

31 九位――世阿弥の伝書『九位』で、能の芸位を九つの段階に分類、定義したもの。

32 寵深花風――前項、九位の内の第二位にあたる最高水準の芸位。

33 妙の位――九位の最上位、妙花風をさす。

34 上三花――九位で幽玄風を基調とするもっとも上位三つの総称。一位が妙花風、二位が寵深花風、三位が閑花風である。

35 装束賜りの能――春日若宮祭の前日に、興福寺役僧より当日田楽に使用する装束が出勤予定の役者に頭屋《とうや》（祭の事務局の僧坊。注437参照）にて下賜される。その時、謝礼として舞う能を装束賜りの能と呼んだ。この時の頭屋が法雲院である。

36 直面――能面をつけず素顔で演じること。現在ものの曲柄。

37 「昔は京洛の花やかなりし身なれども」――曲不明。兵庫県加東郡住吉神社に残る、田楽〈父の丞〉詞章に「昔はけいりやくには、あなあやかなりしみなれど」とある。

38 〈炭焼きの能〉——散佚曲。廃曲〈阿古屋松〉にほぼ同文の詞章がある。

39 一声——現在、イッセイと呼ばれるシテ登場の際によく見られる謡。節付けが少なく、句末を引いて謡う詠嘆調の段落。

40 「吹く風の荒磯に」——曲不明。

41 増阿——増阿弥とも。世阿弥と同時代に活躍した、田楽新座の名人。

42 閑花風——九位の第三位。注34参照。

43 立合い——複数の役者が同じ舞台で同時に舞い、技芸の優劣を競う。猿楽、田楽共に当時は盛んに催された。

44 〈尺八の能〉——田楽の能。散佚曲。文安年間に演能記録がある。

45 中上——九位の中三位のもっとも上の正花風。

46 岩松——近江日吉座の脇の為手（注50参照）。

47 次第——能の段落の一つ。シテ、ワキの登場の謡、またはクセや乱拍子の序部分にある。

48 とよ——近江日吉座脇の為手（注50参照）。

49 天女の舞——『二曲三体人形図』によれば、大きな舞であり、強い種別の芸であったと推定される。

50 脇の為手——今日のワキ方ではなく、棟梁の為手（座の中心役者。おおむね主役を演じる）以外の役者を指す。ワキ・ツレ・子方・地謡などを担当した。なお本文中、今日の各役に該当する部分にはシテ・ワキの表記を用い区別している。

51 〈念仏の猿楽〉——散佚曲。

52 〈もりかたの猿楽〉——散佚曲。

53 〈こは子にてなきと云う猿楽〉——散佚曲。

54 観阿——世阿弥父、観阿弥。注18参照。

55 〈静が舞の能〉——現行〈吉野静〉の原曲か。

56 〈嵯峨の大念仏の女物狂の能〉——現行〈百

〈万〉の原曲か。

57 上三花――前出。注34参照。

58 中三位――前出、九位（注31参照）の内、中程度の三つの芸位。

59 下三位――九位の定義では、もっとも低い位の三つの芸。

60 〈住吉の遷宮の能〉――散佚曲〈葛袴〉の別名か。

61 ロンギ――謡の構成要素の一。論義とも書く。役同士、あるいは役と地謡が交互に謡う掛け合いの部分。

62 「それ一代の教法」――〈自然居士〉説法の段（今は省略されている）の最初の句。

63 曲舞風の謡に変えた――元来猿楽の音曲は、旋律を中心とした小歌の系統をひくものであった。観阿弥は白拍子舞系である曲舞のリズムの面白さを能に取り入れ、能に音楽改革をもたらした、と伝える。ここでいう曲舞由来の音楽が今日のクセに残されている。

64 〈融の大臣の能〉――現行〈融〉には、鬼は登場しない。〈融〉の後段に鬼が登場する古い形の曲であったのかもしれない。

65 砕動風の鬼――前出。注11参照。

66 〈草刈の能〉――廃曲〈横山〉の古名。

67 「ここは忍ぶの草枕」――〈横山〉中入前の句。

68 十二三郎、助九郎――次の十二六郎と合わせて三名ともに伝不詳。当時観世座と密接な関係があった大和猿楽十二座につながる役者であろうか。

69 大槌――観世座の狂言方、槌大夫。大槌と後の槌と区別される二人がいる。

70 世子――世阿弥の尊称。子息元能の目線で、父の言葉が語られている。

71 〈松風村雨の能〉――現行〈松風〉の古曲。

72 「有難や和光守護の日の光。ゆたかに照らすあめが下」――〈放生川〉後シテ登場の謡。

73 「蟻通とも」――以下、「宮守ひとりも」まではすべて〈蟻通〉中の詞章。

74 「松の木柱に竹の垣、夜寒さこそと思へども」――〈松風〉シテのサシ謡の句。

75 闌たる謡――世阿弥が伝書『五音曲条々』で分類した、五つの音曲（謡）の一。すなわち、祝言・幽曲・恋慕・哀傷・闌曲《らんぎょく》であり、闌曲を至高の謡としている。よって闌曲は同吟、斉唱しないことが原則。

76 馬の四郎――摂津榎並座の役者。鬼の名手であったらしい。

77 光太郎――金春禅竹の祖父にあたる、金春権守《ごんのかみ》（注306参照）の長兄。

78 〈たらうの能〉――散佚曲。

79 「都良香もろともに」――散佚曲〈都良香の立合〉の文句か。

80 曲舞の序――クリ・サシ・クセの内のクリの部分をさす。

81 「剣樹ともに解すとかや、石割地獄の」――〈地獄節曲舞《じごくのくせまい》〉の中ほどの句。今の〈歌占〉の後にあたる。この後の「火燥足裏を焼く」、「飢えては鉄丸を呑み」も同曲の句。

82 序破急――もとは雅楽の段落構成の用語。リズムの緩急だけではなく、段落内の各要素の密度（濃淡）にも影響する。世阿弥が能に取り入れ、『花鏡』、『三道』、『風姿花伝』などで理論化、詳述した。以降、音楽・舞台のみならず、連歌、蹴鞠、香道、剣術など様々な日本の芸道分野で浸透していく。

83 心根――能の主題・意図と、演者・作者の心遣いの二つの意で用いられている。

84 露――狩衣など袖を括る紐の下に垂れた部分をいう。

85 口伝――本書「別本聞書」149ページにあり。

86 〈丹後物狂〉――廃曲。父がわが子の形見の鼓をもって登場する曲らしい。

87 鞨鼓――雅楽で使用される鼓の一種。奏者に対し横向きに置き、両面の皮を二本の桴で打つ。

88 かかり――風情、情趣、余情など。

89 面を使う――今日、面をつけた役者が左右を見る型を面を使うという。上下を見る型はテラス、クモラスという。

90 〈松風村雨の能〉――前出。注71参照。

91 路中に金を拾う――当時のことわざ。骨を折らずに利を得るたとえ。

92 遠見――世阿弥の理論用語。露骨に表現しないものを自ずから想起する想像力、連想力。

93 〈高野の能〉――現行〈高野物狂〉。「いつかさて」は後の地謡の文句。

94 「思ふこと思ふこと、なくてや見ましよざの海の」――同曲、後の地謡の文句。

95 〈右近の馬場の能〉――現行〈右近〉。女体の神能である。次の句は中入前地謡の上歌《あげうた》にある。

96 「思ひの煙の立ち別れ」――キリの地謡の文句。

97 渡り拍子――下《さが》り端《は》に続いて謡われる平ノリの謡。

98 心根――前出。注83参照。

99 〈経盛の能〉――廃曲。ツレは経盛の妻。

100 元雅――観世《かんぜ》元雅《もとまさ》。一四〇一年頃―一四三二年。通称十郎。世阿弥の子。父をも超える能の達人と評価されたが早世した。〈隅田川〉の作者。

101 〈四位の少将の能〉――現行〈通小町〉。

102 「月は待つらん、月をば待つらんわれをば」――少将の百夜通いの文句。

103 「文こそ君の形見なれ。あらおぼつかなの御行方やな。呼子鳥」――後のカケリ前の句。

104 狂い――現行のカケリの部分。

105 ホロホの拍子――『二曲三体人形図』の「当流《とうりゅう》之《の》砕動《さいどう》一動《ひとはたらき》之《の》足数《あしかず》之《の》分《ぶん》」に、「モロイリ」拍子の足数として「ホロホ」とある。同所の「乱《みだれ》足《あし》」には「ハラハ」とあって、砕動風芸での足数および強弱の指示語であろう。

106 〈佐野の船橋〉――現行〈船橋〉。

107 「柳は緑、花は紅」――〈山姥〉などに同文もあるが、曲不明。

108 わらく――不明の語。わらく（往句）とすれば、「柳は緑」「花は紅」の二句を行き来する拍子、となろうか。

109 砕動風の鬼――前出。注11参照。

110 桟敷崩れの田楽――貞和五年（一三四九）六月、四条河原で催された勧進田楽。三階建の大桟敷が倒壊し、このように呼ばれた。

111 本座――丹波の矢田座。京都府南桑田郡矢田（現在の京都府亀岡市）にあったという。

112 新座――摂津の榎並座。榎並村（現在の大阪市東成区）にあったという。

113 花夜叉――伝不明。

114 〈恋の立合〉――立合いの曲名。散佚曲。

115 榎並――摂津榎並座の大夫。

116 反り返り――左を軸足にして、反りながら左に返る型。

117 毛を吹いて疵を求める――他人の小さな欠点をわざわざ探し出そうとするたとえ。

118 〈八幡放生会の能〉――現行〈放生川〉。

119 やうやう――やらやら（あらあら）の誤写か。

120 五音四声――五音とは宮・商・角・徴・羽の五つの音階。四声とは平・上・去・入の四つの抑揚をいう。

121 律呂――律は細く感傷的な声調。呂は太く明朗な声調のこと。

122 五音相通――もとは音韻学の用語であったが、中世には歌学の修辞を扱う用語となり秘伝化していった。

123 祝言の声――世阿弥が定義した現在の強吟《つよぎん》に相当する、強く清々しい発声法。

124 望憶の声――世阿弥が定義した現在の弱吟《よわぎん》に相当する、細く哀調を帯びた発声法。

125 無常音――詳細不明。世の無常を感じさせる音。

126 有文音感・無文音感――謡の技術の二つの段階。

文《あや》があって聞きどころの多い有文音感と、耳に響く文はないが面白く感じられる、より高次元の無文音感。世阿弥『風曲集』（注194参照）より。

127 曲舞と小歌――前出。注63参照。

128 〈白髭の曲舞〉――観阿弥作の曲舞。猿楽能最初の曲舞とされる。現行の能〈白髭〉はこれをもとにして作られた。

129 演技と謡が一つになれば――謡の文句と所作が一つになるほど修練を積めば、無上第一の上手に達するという。『風姿花伝』第三問答条々、音曲・働き一心の口伝より。

130 万徳の妙花を咲かせる――すべての人にあまねく寿福をもたらす至芸のこと。『風姿花伝』（第五）奥義に、「万徳妙花を開く因縁なりと嗜むべし」とある。

131 祝言謡――座敷謡で最初に謡われためでたい内容の謡。

132 正花風――九位の内、中三位の上に位置する芸位。芸に花を得た、幽玄の位をいう。

133 専門の伝書――世阿弥『曲付《ふしづけ》次第《しだい》』をさす。

134 一声――前出。注39参照。

135 「後の巌かさざれ石」――曲不明。この句を含む一セイ形式の祝言謡があったか。

136 〔待つ〕と〔持つ〕――拍子の用語。ともに拍の間をとる技法。今日のノベとモチに当たる。

137 〔揺り〕――句末を長く延ばして音を振るユリ節。現在の本ユリでは、本文のように十回程度音を小さく振って謡うが、「六・四」には分けられない。

138 早歌――謡曲に先行する中世の声楽。

139 安全音――『五音曲条々』に「祝言音は治世安楽音である。これをもととして全ての音曲は展開し、統一されていく」とある。

140 〈都良香の立合〉――散佚曲。

141 横の声、竪の声――世阿弥の定義によると、太く強く男性的な発声を横の声、細く弱く女性的な発声を竪の声としている。また、発声のみではなく、それぞれ独自の音階をもち、後世の強吟・弱吟へと発展、独立していくもととなったといわれる。

142 相音――横・竪を兼ね備えた声と謡い方。今日の和吟にあたろうか。

143 〈重衡〉――廃曲〈笠卒都婆〉の古名。

144 〈西国下りの曲舞〉――乱曲として現存する。観阿弥作。

145 〔持つ〕――前出。注136参照。

146 南阿――海老名の南阿弥陀仏。注23参照。

147 次第――前出。注47参照。

148 アゲハ――クセの間に置かれる上音のシテ謡。

149 クリ――繰と書く。謡の音階の最高音。ただしごく稀にその上の音、「甲グリ」もある。

150 「とくとくと誘はれて、身を浮き草の根をたえて」――乱曲〈由良湊の曲舞〉（注156参照）の二度目のアゲハ前の句。

151 「ありがたくもこの寺に現じ給へり」――〈百万〉、クセの二度目のアゲハ前の句。

152 ある時は焦熱大焦熱のほのほにむせび、ある時は――〈地獄の曲舞〉、クセの二度目のアゲハ前の句。

153 乙鶴――奈良の百万を芸祖とする女曲舞の賀歌《かが》女《じょ》系のみが室町期まで続いた。その賀歌女の一人が乙鶴だが経歴不明。観阿弥に曲舞を伝授したとある。

154 〈東国下りの曲舞〉――乱曲として現存する。別名〈海道下り〉。次の引用句は二度目のアゲハにある。

155 琳阿弥――義満に仕えた連歌師。能の謡物である曲舞を作詞した。通称、玉林《たまりん》。連歌師としては救済《ぐさい》門人の一人に数えられる。

156 〈由良湊の曲舞〉――乱曲〈由良物狂〉の原曲。

157 かかり――前出。注88参照。

158 文字訛――アクセントが正しくないこと。

159 「かやうにあだなる夢の世に、われらもつゐに残らじ、何一時をくねるらん」――廃曲の謡い物〈女郎花〉の詞章。現行〈女郎花〉とは異曲である。

160 「やうやうはかなやなどさらば、釈尊の出世には生ぜざるらん。つたなきわれらが果報かなや」――散佚曲〈念仏の猿楽〉の文句か。

161 闌たる――前出。注75参照。

162 「老人答へ申すやう。われは手名椎、足名椎。むすめを稲田姫と云ふ者にて候なり」――この次の「父の老翁手名椎は…」とともに、喜阿弥作〈熱田〉のクセ部分。金春流の現行〈源太夫〉の原曲か。

163 「河竹の流れの女となる、さきの世の報ゐまで思ひやるこそ悲しけれ」――〈江口〉のクセ（観阿弥作曲）前の文句。

164 「念彼観音力、刀刃段々」――乱曲〈初瀬六代〉クセのアゲハ前の句。

165 熊虎豹――出典の『周礼』には虎豹熊《こほうゆう》となっているが、音移りをなめらかにするため、熊虎豹《ゆうこほう》と語順を入れ換えること。世阿弥『花鏡』音曲之事より。

166 「松には風の音羽山」――観阿弥作曲の〈由良湊の曲舞〉のクセ、アゲハ前の句。この部分は次の句とともに、本書「別本聞書」153ページにも記される。

167 「秋の野風に誘はれて」――廃曲の謡い物〈女郎花〉の一部。喜阿弥の作曲。

168 「病に犯されぬ歌は苦しからず」――「病にをかされぬほどの歌になりぬれば」（藤原定家『毎月抄』）。歌道の技法上、欠点があっても誰もが認める秀歌・名歌には疵とはならない。むしろ欠点がより面白く感じられる、との意。

169 「小野小町は」――廃曲〈実方〉（現行の乱曲〈実方〉）クセにある。

170 「人の宿をば貸さばこそ」――曲不明。

171 〈夏の祝言〉――四季の祝言謡の一種。

172 「みかさの森」――次の「一念弥陀仏」とともに、廃曲〈笠卒都婆〉のクセの文句。

173 「とりわき神風やはじめ奉り」――廃曲〈融通《ゆずう》鞍馬《くらま》〉のクセの文句。

174 「恵みひさし」――廃曲〈鵜羽《うのは》〉、ロンギ前の句。

175 「春ごとに君をいはひて」――〈雪山〉の上歌の句。現在の狂言の小舞謡に残る。

176 「夕べの風に誘はれ」――〈江口〉クセの文句。

177 「老翁いまだ」――〈白髭〉のクセにある。

178 「げにや皆人は、六塵の境にまよひ」――〈江口〉のクセ。

179 「光源氏と名を呼ばる」――〈須磨源氏〉のクセ。

180 「くわんどう誤って」――〈雲雀山〉のクセ。

181 「公光と申す者なり」――〈雲林院〉（世阿弥自筆本。現行〈雲林院〉と異なる）、ワキ名乗りにある。

182 その間で文字数が――能の謡の拍子は、七十五の十二文字を八拍に割り当てる。よって必ず字余り・字足らずが発生し、一文字を二拍分に延ばしたり、二文字を一拍に縮めるなど、様々な拍子運用技法が考案された。

183 「旅人の、道さまたげに摘むものは、生田の小野の若菜なり、よしなや何を問ひ給ふ」――〈求塚〉、地の上歌の文句。

184 「げに心なき海士なれども、所からとて面白さよ」――〈富士山〉、前シテのサシより。

185 「時知らぬ山とよみしも」――〈富士山〉上歌より。

186 「恐ろしや」――〈花筐〉狂いより。

187 やや短く扱う――原文では「ちうにいふ」。すなわち大の拍子を中に扱うのである。

188 「人間ふれいの花ざかり、無常の嵐音そひ」――〈隅田川〉、後半の地の上歌より。この「ふ」は「う」の誤記か。

189 「寂寞たる深谷」――散佚曲〈松ヶ崎〉のサシ。

190 〈八幡〉——現行〈弓八幡〉か。
191 「百王万歳」——廃曲〈伏見〉のクセ。
192 「かの昭君のまゆずみは、緑の色に匂ひしも、春や繰るらん糸柳の」——〈昭君〉前段、地の上歌にある。
193 「真如の月や出でぬらん、真如の月や出でぬらん」——同曲、後の地謡にあり。ただし、現在返しは謡わない。
194 『風曲集』——世阿弥の音曲関係の伝書。応永末年頃成立した。ほぼ同文が同書にある。
195 不増不減の曲道息地——不増不減は仏教用語で、あらゆる事物は本来「空」であるゆえ増えも減りもしない、との意。曲道息地は、音曲の道は息を地（基礎）とするものという語である。
196 けん——伝不明。『大塔物語』に早歌師達が学んだ諏訪顕阿のことかとも推測される。
197 飯尾善右衛門——細川満元配下の武士。また、応永年間の早歌の歌い手に飯尾善左衛門がいるが、別人か。
198 「津の国の」——『宴曲集』巻三〈袖のなごり〉にある句。
199 序破急——前出。注82参照。
200 「お」——この後の「よ」と同様、返答する声である。
201 横——前出。注141参照。
202 竪——前出。注141参照。
203 坂東訛の言葉——今日の関東弁。大和言葉が関西弁。
204 呂律——呂と律は、中国および日本の音組織である。十二律の六音を呂、六音を律とした。呂は陰性を、律は陽性をもつとされる。猿楽の謡の旋法では、世阿弥によって十二律ではなく、呂は横に、律は竪にそれぞれ対応するものとして位置づけられている。
205 「あひ見ばやと思ひて、果てし所をたづぬれども、うたかたの」——廃曲〈丹後物狂〉のクセにある句。

206 〈経盛の能〉の語り——廃曲。熊谷からの手紙をワキの使者が届ける。経盛の最期を語る部分である。注99参照。

207 〈布留の能〉——廃曲。

208 「せめて閨洩る月だにも、しばし枕に残らずして、またひとり寝となりぬるぞや」——クセ前のサシにある。

209 文字を盗む——「を」を発音せず、前句の「の」の母音の中に隠して音をつなぐ謡の技法。

210 〔持つ〕——前出。注136参照。

211 〈右近の馬場の能〉——前出。注95参照。

212 花ぐるま——シテ登場の一声にある。

213 〈重衡の能〉——前出。注143参照。

214 〈六代〉——謡い物〈六代ノ歌〉。〈初瀬六代〉の古名。クドキにある句。

215 声枕——次の語を立てるため、間を置く技法。

216 心拍子——今日の観世流謡本などで語と語の間に小さく〔心〕と書いてある部分。本来素人用の謡本に記されるほどであるから、上級者向けではなく、ごく常套的な運用であったろう。が、はっきりと間があいては無論まずい。

217 「天花に酔ゑりや」——廃曲〈鼓滝《つづみのたき》〉のクセ前半にある。

218 「しるしの松なれや、ありがたの」——廃曲〈箱崎〉のロンギにある。この句の「や」と「あ」の間、母音のつなげ方の秘伝である。

219 「風波の難を助けしは」——謡い物〈西国下り〉のクセにある。

220 「いかなればみちのくには」——廃曲〈鵜羽〉ロンギ前の上歌にある。

221 「あしがりや」——同じく〈鵜羽〉にある。

222 〈高野の古き謡〉——廃曲の謡い物〈高野の巻〉。

223 入り節——今日謡本に〔入〕と書かれる節。上の音へと突き上げて謡う。

224 「何とか出でん円月の、光のかげ惜しめ」——

廃曲〈経盛〉ワキの語前の上歌にある。「きづなも」はこの一句前。
225 「曇るといふらん」――クセの初めの句。
226 「もとの古根や残るらん」――喜阿弥作曲〈竹取歌〉より。
227 「へいさのらくがん」――廃曲〈近江八景〉のクセとロンギにある。もとは中国山水画の伝統的な画題、「瀟湘八景《しょうしょうはっけい》」図の内の一画題「平沙落雁」のこと。伝牧谿《もっけい》筆、茶掛け名品の一軸が有名である。
228 藤寿――連歌師。諸芸能に堪能であった者と伝わる。
229 「千代木の風も静かにて」――祝言小謡〈足引山〉の下歌にある。
230 祇園祭――時の将軍が桟敷で見物した。猿楽と他の芸能も演ぜられ、曲舞車が出され専任の曲舞が演ぜられる習わしであった。
231 「人皇五拾代」――廃曲〈伏見〉クセ、冒頭の文句。
232 『風曲集』――前出。注194参照。
233 無文音感――前出。注126参照。
234 有文音感――前出。注126参照。
235 四声――前出。注120参照。
236 呂律――前出。注204参照。
237 安き位――技巧を極め尽くし超越した、自由自在の境地。闌たる位と同意。
238 曲――名人、上手の自ずから湧き出るような「歌」の意。
239 「寄せてはかへる片男波、あしべのたづこそは立ち騒げ、四方の嵐も音そへて、夜寒何と過ごさん」――ロンギ前の上歌の句。
240 喜阿弥節――現在の〈松風〉は、田楽の原曲〈汐汲〉を観阿弥・世阿弥が能に改作したものである。その元の節をいう。
241 稲荷の能――応永十九年（一四一二）頃催された、伏見稲荷での能。第二十四条参照（127ページ）。

242 〈昔の藤栄〉――現行〈藤栄〉の原曲か。

243 謡の節は時代により変わっていくが――原文「音曲にかみふるやう成こと、其くせぐせの面白や」。難解部分である。「音曲に、噛み振る様なる」「音曲苦みぶる様なる」と読む説もあるが、「変化を加える」と解釈し意訳した。

244 只詞――謡曲中、節のつかない役者の台詞の部分。今日、コトバ（詞）と呼ぶ。

245 素声――平曲の曲節のつかない台詞の部分を指す語の転用。

246 「難波の芦をご賞翫こそ、かへすがへすもやさしけれ」――〈芦刈〉シテのコトバにある。

247 「名もあらばこそ、名乗りもせめ」――前シテのコトバ。

248 『三道』――前出。注8参照。

249 当御代――室町幕府第四代将軍足利義持。

250 〈放生会の能〉――前出。注118〈八幡放生会の能〉参照。

251 〈相生〉――現行〈高砂〉。

252 神の御前――「上の御前」の誤字である可能性もある。

253 上三花――九位で、幽玄風を基調とするもっとも上位三つの総称（注34参照）。次に挙げる二曲が第二位と第三位であることから、ここは最上位の妙花風を指したものか。

254 寵深花風――上三花の第二位。注32・34参照。

255 閑花風――上三花の第三位。注34参照。

256 〈義経〉――現行の〈八島〉であろう。

257 〈西行〉――廃曲の〈実方〉か、〈西行桜〉の古名と考えられる。

258 〈阿古屋の松〉――廃曲。

259 〈石河の女郎の能〉――散佚曲。元雅の作ともされる。

260 十番――次ページに「例の十番の能は、世阿弥が形見として書いた」とあり、観世流の基本と

なる世阿弥作の十番と考えられている。が、具
体的にどの能を指すかは不明。
261 〈千方〉——散佚曲。
262 「恨みは末も通らねば」——49ページに田楽〈恋
の立合〉の詞章として出ている。元雅によって
同曲を猿楽能に改作したのが〈石河の女郎の
能〉ではないかとも考えられる。
263 〈西行の能〉——現行〈西行桜〉。
264 〈小町〉——現行〈卒都婆小町〉。
265 「こぎゆく人は誰やらん」——原文では「過ぎ
ゆく人は誰やらん」となっているが、誤写と考
えられている。シテ上歌の末句。
266 ミサキ——御先と書く。神霊の出現前に現れる
霊的存在の総称である。おもに動物で、稲荷の
狐、山王の猿などがミサキであり、神話に登場
する八咫烏《やたがらす》もその一種である。
267 〈笠間の能〉——廃曲〈安犬〉か。足利家に謀
反した笠間十郎が活躍する能。
268 「玉水に立ち向かへば」——廃曲〈玉水〉のキ
リにある。
269 「東に向かゐ、また西に」——曲不明。
270 〈素戔嗚の謡〉——散佚曲。
271 〈布留の能〉——前出。注207参照。
272 遠見——前出。注92参照。
273 「また実盛が」——クセのはじめの語。錦の直《ひた》
垂《たれ》の逸話。
274 「憂しとも思はぬ」——前半ロンギ末の句。こ
こで一段落し囃子も休む。
275 〈源氏八島に下ると云ふ事〉——散佚曲。作者
不明。
276 〈守屋の能〉——廃曲。井阿弥作。現存本のキ
リでは「守屋が首を打ち落す」とある。
277 井阿弥——伝不明。義満に仕えたという。
278 秦河勝——飛鳥時代の渡来人集団、秦氏の族長
とされる。聖徳太子の側近として活躍し、太子
の命により六十六番の物まね（注3参照）を演

じたという(『風姿花伝』)。
279 謡ロンギ――今のロンギ(注61参照)。コトバロンギ(今の掛け合い)と対となる。
280 切拍子――今の大ノリ拍子。主にキリに用いられる。
281 開口――脇能の始まりに、開口人(脇能のワキ)が開口文を読み上げること。詞章は毎回新しく作った。
282 〈初瀬の女猿楽〉――散佚曲。
283 「甲斐もなみま」――以下の二句とともに〈鵜飼〉前段の句。
284 「甲斐もなき身の鵜舟こぐ」――世阿弥改作による現行〈鵜飼〉では、このような訂正はない。
285 〈松ヶ崎の能〉――散佚曲。元雅作曲。
286 「よしつねの憂き世の」――中入前の句。「よし常の」の掛詞となっている。
287 カカル――拍子に合わない、叙唱風に謡う部分。サシ謡等。コトバに近いため、文字訛を避けねばならない、としている。
288 商――五音の内、第二番目の音。注120参照。
289 角――五音の内、第三番目の音。注120参照。
290 〈八幡〉――前出。注190参照。
291 〈相生〉――前出。注251参照。
292 〈塩釜〉――現行〈融〉。
293 〈盲打〉――散佚曲。
294 〈檜垣の女〉――現行〈檜垣〉。
295 〈薩摩の守〉――現行〈忠度〉。
296 〈高野〉――前出。注93〈高野の能〉参照。
297 〈逢坂〉――廃曲〈逢坂物狂〉か。
298 〈佐野の船橋〉――前出。注106参照。
299 〈小町〉――前出。注264参照。
300 〈四位の少将の能〉――前出。注101参照。
301 〈静〉――〈吉野静〉か。観阿弥原作、井阿弥改作か。
302 井阿弥――前出。注277参照。
303 横尾元久――細川満元家臣。

304 榎並左衛門五郎――摂津の榎並座の役者か。

305 唱導師――民衆教化のため説法を行なった僧。

306 金春権守――世阿弥の女婿である金春禅竹の祖父。

307 多武峰――談山神社がある霊地。十月の維摩《ゆいま》八《はっ》講《こう》には大和猿楽諸座が出勤した。

308 勧進能――寄進を名目とした大がかりな能興行。当時、舞台を取り囲むように、円形に桟敷を組んだ。

309 糺河原――京都賀茂川と高野川の合流地点。応永六年（一三九九）と寛正六年（一四六五）にそれぞれ勧進猿楽が催された。

310 冷泉河原――賀茂川にある。応永二十年（一四一三）に勧進田楽があった。

311 幕屋口――今日の揚幕の口。

312 橋掛りと舞台の接合部――当時は舞台の真後ろに橋掛りをかけた。

313 後ろの桟敷――この時代の勧進猿楽は舞台を円形に取り巻くように桟敷が組まれていた。よって舞台の後方にも観客がいたのである。

314 正色――中国五行思想による、赤・黄・白・青・黒の五色。

315 露払い――今の千歳《せんざい》の舞。

316 槌大夫――前出。注69大槌参照。

317 脇の為手――前出。注50参照。

318 今熊野の猿楽――応安七年（一三七四）頃、京都今熊野にて観世座が催した猿楽興行。評判を聞き初めて猿楽を観た足利義満がこれに魅せられ、以降観阿弥・世阿弥父子を後援するきっかけとなった。

319 「ひろばかりや」――千歳の舞後の翁の謡の句。

320 通常は若い役者の仕事である――次行の「面箱持ち」の注が前文末に混入したものか。

321 別書――世阿弥『習道書』（永享二年奥書）には役者の心得が、『申楽談儀』定魚崎御座之事（本書「付載結崎座の規約」139ページ）には禄物のことが、それぞれ記載されている。

322 牛大夫――猿楽役者。法名牛阿弥、通称牛入道。応永二十九年（一四二二）醍醐清滝宮で世阿弥とともに音阿弥の後見をした記録があり（『満《まん》済准后日記《さいじゅごうにっき》』）、観世座付の役者であったと思われる。笛の名人でもあった。

323 置鼓――翁付脇能、最初の鼓の手。

324 ワキが導いていく――後シテとの掛け合いは地謡が担当するが、昔はワキが地謡を統率していた。

325 〈鵜飼〉の前場――現在は尉面で、笠はかぶらない。

326 岩童――近江日吉座の役者。犬王道阿弥の後継者。

327 〈柴船の能〉――散佚曲。〈兼平〉の古名とする説もある。

328 三郎――世阿弥甥の三郎元重、音阿弥《おんあみ》を指す。

329 〈鐘の能〉――〈三井寺〉の古名。

330 右からつかねばならぬ――通常能舞台は北へ向き、観客である貴人が南面するように設計されていた。音阿弥は舞台の向きが逆となったため、鐘の向きも西東を入れ換えて演じたのである。世阿弥は舞台の向きによる陰陽のしきたりではなく、あくまで観客を中心に考えた舞台効果を主張したのであろう。今日の〈三井寺〉の鐘をつく位置はこれとは異なる。

331 〈逆髪の能〉――〈蝉丸〉の古名。

332 〈塩汲〉――散佚曲。喜阿弥作。〈松風〉の原曲。

333 〈空也上人の能〉――廃曲〈空也〉。

334 角帽子――能で通常僧侶役が被る頭巾。

335 別書――『習道書』をさす。注321参照。

336 尺八――当時、謡の調子をとるために携行した。

337 頭――黒頭、赤頭など、長く毛の垂れた被りもの。

338 『習道書』――座の役者の心得を説いた世阿弥伝書。注321参照。

339 笛のこと――同書にある、名生《めいしょう》という笛の名人についての逸話。

340 〈少将の能〉――散佚曲。鬼界ヶ島からゆるされて帰洛した丹波少将成経の能。

341 思ひしほどは――平判官康頼が東山の山荘に帰り、詠んだ「ふるさとの軒の板間に苔むして思ひし程はもらぬ月かな」の歌（『平家物語』巻三「少将都帰」）。成経の歌ではない。

342 大槌――前出。注69参照。

343 菊――田楽新座の狂言方。伝不明。

344 〈初若の能〉――散佚曲。

345 後の槌大夫――二代目槌大夫。初代が大槌である。注69参照。

346 高橋――義満の北山別邸近くの地名。

347 金春権守――前出。注306参照。

348 金剛権守――伝不明。金剛座の統率者か。

349 かさ――嵩。芸の重みと幅をいう。

350 「扇たたかせ、鳴るは瀧の水」――〈柏崎〉クリ前の句。現行は「手拍子人に囃させて、扇おっとり鳴るは瀧の水」とある。

351 「わが子、小二郎か」――同曲キリ、母子再会の場面の句か。現行にはこの語はない。

352 「桐の花咲く井の上の」――同曲カケリ後の上歌にある。

353 「あら懐かしのあまびとやと、御涙を流し給へば」――〈海人〉クセ前の上歌。

354 「乳の下をかい切り玉を押し込め」――玉ノ段の句。

355 〈雲林院の能〉――世阿弥自筆本〈雲林院〉では、後シテが藤原基経の霊となり現行とは大きく異なっている。

356 後シテは老人風の演技。掛け合いは悠々と謡うべし――この一文は原文では「金剛はいずれの曲柄をも演じられる為手であった」の後に置かれている。が、「謡うべし」から推量し、金剛にかかる文ではなく、〈雲林院の能〉の原注が混入したものと考えられる。
357 「基経の常なき姿になりひらの」――同曲世阿弥自筆本の後シテ一声にある。
358 近江の別当――不明。近江猿楽座役者か。
359 膝拍子・膝返り――『二曲三体人形図』に早業として紹介される。世阿弥はこの芸を禁じた。
360 ヨシヒトウエ――不明。
361 宮歌いの家の子――原文は「カツテミヤウタイコニテ」。難読箇所である。「名代子」あるいは、声聞師などの遊芸者を指す「宮歌い子」と解されようか。訳文ではひとまず後者の説を採った。
362 与二郎とヨッ――不明。
363 路阿弥――音阿弥時代の役者。『四座役者目録』に名が見える。
364 十二権守――大和猿楽十二座の役者、十二五郎康次。永享六年（一四三四）八十二歳にて没。この後の書状により、世阿弥と芸事上のつながりがあったものと思われる。
365 下三位――前出。注59参照。
366 砕動風の鬼――前出。注11参照。
367 正長元年――同年七月、六代将軍義教《よしのり》に十二権守の座と音阿弥の座が召され、能を御前で舞った。
368 観阿弥の命日――至徳元年（一三八四）五月十九日。
369 われわれの座――結崎座（注420参照）。
370 伊賀小波多――名賀郡小波多（現在の三重県名張市）。原文「伊賀小波多にて座を建てそめられし時伊賀にて尋ね出だしたてまつりし面也」。「伊賀小波多にて」は「座を建てそめられし時」ではなく、「伊賀にて尋ね出だしたてまつりし面也」にかかる、とする説があり、結崎座（注420参照）が創設された地が伊賀であることは、今日通説ではない。
371 愛智――近江愛智郡（現在の滋賀県愛知郡）の面打ちの家。能面関係史料では「越智《おち》」の文字を当てているが、越智は大和の地名である。

372 〈源三位〉――現行〈頼政〉。

373 出合座――大和磯城郡出合（現在の奈良県磯城郡）の猿楽座か。次条に座の由緒、系列あり。

374 〈天神の能〉――廃曲〈菅丞相〉か。今の〈雷電〉はその改作らしい。

375 秦河勝――前出。注278参照。

376 紀権守――『風姿花伝』に河勝の遠孫、秦氏安《はたのうじやす》（注407参照）の妹婿とある。

377 竹田座――円満井《えんまんいざ》座の別名。後の金春座。大和磯城郡竹田（現在の奈良県磯城郡）にあった。

378 宝生座――磯城郡外山《とび》（現在の奈良県桜井市）にあったので外山座とも呼んだ。観阿弥の長兄が継ぐ。

379 根本の面――『風姿花伝』にいう、聖徳太子御作の鬼の面か。

380 山田猿楽――現在の奈良県桜井市山田にあったとされる猿楽座。

381 服部――伊賀阿拝郡（現在の三重県伊賀市）の服部氏。

382 おうたの中――原文は「子息おうたの中」。「子息を、うたの中」とするなら、大和磯城郡宇陀か。

383 生市――三人兄弟の兄が宝生大夫を継ぎ、弟が観世座を建てた。仲子の生市が、父の出合座を継いだとも考えられよう。

384 敏満寺の座――滋賀県犬山郡敏満寺に構えた座と伝える。

385 山階座――原文では山科と表記される。現在の滋賀県長浜市山階を本拠とした座。

386 下坂――現在の滋賀県長浜市下坂を本拠とした座。

387 日吉――前出。注27参照。

388 大森座――蒲生郡玉緒村大森（現在の滋賀県東近江市）にあったという。

389 酒人座――甲賀郡柏木村酒人（現在の滋賀県甲

賀市）にあったという。

390 下三座――山階・下坂・日吉を上三座《かみさんざ》と称したという。

391 丹波のしゅく――本座の役者か。

392 長者――氏の長者の制にならい、猿楽座の長者としたのであろう。

393 新座――前出。注112参照。

394 本座――前出。注111参照。

395 法成寺座――摂津の座。京都の法成寺に参勤した呪師猿楽の後身とも考えられている。

396 河内榎並座――榎並座は摂津にあるが、世阿弥は河内としている。

397 馬の四郎――前出。注76参照。

398 梶井殿――大原三千院の法親王の通称。

399 勘解由小路殿（武衛）――斯波義将《しばよしまさ》。この時すでに管領職を辞していたため「前管領」、あるいは「先管領」と両様に呼ばれていた。武衛は兵衛府の唐名で、義将が左兵衛督であったためこう呼ばれた。

400 犬追物――中世武士の武芸鍛練法の一つ。騎馬で犬を追射する競技で笠懸《かさかけ》、流鏑馬《やぶさめ》とともに騎射三物《きしゃみつもの》の一つとされた。検見役が開始の合図をかける。

401 橘倉――質屋の号か。

402 東風ふかば――『拾遺和歌集』雑春にある菅原道真の歌。こちふかばにほひおこせようめのはな　あるじなしとてはるをわするな

403 すすめ歌――多くの人に信仰をすすめるために詠んでもらう歌。

404 合点――秀歌を選び、印をつけること。

405 観世とはいずれ――観世入道世阿弥か、観世大夫元雅か、の意。

406 多武峰――前出。注307参照。

407 秦氏安――『風姿花伝』第四神儀にて秦河勝の遠孫とされるが伝不明。初瀬納受の件も不詳である。

408 中間——公家・寺院などに召し使われた男。身分は侍と小者との間に位する。

409 坂の上の良阿法師——伝不明。

410 東塔——延暦寺の止観院（現在の根本中堂）。

411 青蓮院——三千院（梶井門跡）、妙法院とともに、天台宗の三門跡寺院とされる。門跡寺院とは皇室や摂関家の子弟が入寺する寺院のことである。

412 日吉御臨降——日吉山王権現が、比叡山東麓の坂本へ移ったこと。

413 渡御——神輿が進むこと。

414 たうれん・かうれん——伝不明。

415 花夜叉——前出。注113参照。

416 藤夜叉——伝不明。

417 松囃子——室町時代初期、正月の行事として行われた囃子物。唱聞師が仮装し貴人邸を訪れ、謡い舞った。

418 南都薪のご神事——興福寺の「薪猿楽」。同寺の修二会《しゅにえ》に付随する行事で、当時大和猿楽四座は出勤の義務があった。

419 仔細——猿楽座が出勤できない理由。いつ行なわれるかわからない薪能のために、旅興行もできず、大和にずっと足止めされるわけにはいかない、との由。

420 結崎座——観世流の古名。

421 一乗院——興福寺南大門での薪能の後、寺務別当である一乗院と大乗院でも、それぞれ能を舞う慣行があった。

422 円満井座——金春流の古名。注377竹田座参照。

423 くじ引き——脇能は一日の眼目であるため、立合い能の場合、これを舞うべく往々にして争いが生じた。よってくじ引きにより決めたのである。

424 〈八幡放生会の能〉——前出。注118参照。

425 打刀——つばがある、刀身の長い刀。

426 珠阿弥陀仏——義満の側近。

427 細川武州殿――管領細川武蔵守頼之。

428 高橋殿――「西御所」とも呼ばれ（『吉田家日次記』応永九年）権勢を振るった。当時の幕府記録にもしばしばその名が見える。

429 中初・上中・下後――世阿弥『九位』に説かれる、理想的な稽古の順序。まず中三位からはいって芸の基礎固めをし、上三花の位に昇り芸を極める。その後、意図的に下三位の位に下って自由自在の境地を完成させるという。注34・58・59参照。

430 鶯の飼育――南北朝頃には、鶯を飼い、鳴き声を競わせる流行があった。

431 一．――以下、規約の各条文頭は、「一．（ひとつ）」ではじまる書式である。この第一条は、「定魚崎御座之事（原文）」の見出しを受けた当時の定まった書式、すなわち「右」を文頭に置いているが、訳文では他の条文と合わせ「一．」とした。

432 長――（翁）を演じるグループの最長老。

433 十貫文――一貫＝千文。現代の貨幣価値では、一貫は約十万円相当という試算がある。

434 権守――権守と大夫は、興福寺や多武峰寺が猿楽座の重要な役者に与えた称号。金春権守（111ページ）、からす大夫（86ページ）、槌大夫（99ページ）の各ページ参照。

435 大夫――前注参照。

436 多武峰維摩八講猿楽――多武峰にて毎年十月に行なわれる維摩経の講。十月十日から十六日の一週間催される。十三日と十四日に猿楽座が出勤した。注307参照。

437 頭屋――八講の世話役の僧、またはその僧坊。

438 下賜の馬――銭に代えて与えられた。一頭千文程度。

439 端居――座の第二位の者。

440 三座――座の第三位の大夫。

441 四座――第四位の大夫。

442 中座衆――上座六名に次ぐグループ。
443 一臈――最長老。
444 両堂――興福寺の西金堂、東金堂。ここから薪能の神事が始まる。
445 御社――両金堂に次いで行なわれる、春日若宮社頭での神事猿楽。
446 開催期間中――七日から十三日間といわれる。
447 配当は与えぬ――逆に子が欠勤しても親が出勤すれば、子の配当も与えたという。
448 見参酒――若宮祭後の座の総会での酒。
449 秦元能――前出。注1およびまえがき参照。
450 一．――「河内の榎並座」「喉の薬」の二文は、元能による後日の追記とみられる。
451 河内の榎並座――前出。注396参照。
452 徳寿――伝不明。
453 正気散――中国宋代の漢方薬。
454 これは最近書き加えた項目である――元能ではなく、後日他者により追記されたものと考えられる。本書の底本である岩波文庫版では、岩波の底本、吉田東伍校注『世子六十以後申楽談儀校異並補闕』に従って、この項目を次の項目「〈式三番〉は若宮御祭と同様である…」の後に独立して置いている。しかし「〈式三番〉は」の項目は、「南都雨悦びの能について」の項目の記事の一部と考えられ、岩波版の底本、吉田本が位置を誤って翻刻したものである。よって本書では当項目を本来の位置に正した。
455 南都雨悦びの能――本来は降雨を感謝して奉納する能であったが、この時は降雨祈願能すなわち雨乞いの能であった。
456 外山座――現宝生流。注378参照。
457 〈矢立賀茂〉――現行〈賀茂〉。
458 〈敦盛〉――現行〈生田敦盛〉。
459 〈宰府〉――現行〈藍染川〉か。
460 〈幽霊熊坂〉――現行〈熊坂〉。
461 〈猿沢〉――現行〈采女〉。

462 若宮御祭と同様——御祭の〈翁〉は、立合いの特殊な形である。

463 三千疋——一疋は十文。注433参照

464 座衆も貴人の礼服と合わせて装う——難解部分。原文「座衆ハミケニソマル」。「御衣に染まる」と解することができようか。

465 これより巻末までは——この「別本」の項は、別本としてあった元能の聞き書きを後年に加えたものと考えられている。「これより巻末までは」からの一文は、写本の一つに朱書きされていた注記。元能の原注であろう。

466 宮——五音階の第一番目の音階。注288参照。

467 天女の舞——前出。注49参照。

468 横の声で謡いだした——『風曲集』では、横で謡いだした場合は竪で留める、とある。

469 〈清水寺の曲舞〉——散佚曲。

470 角——前出。注289参照。

471 「行叡は東をさして」——〈清水寺の曲舞〉か。

472 現行〈田村〉に同じ句がある。

473 「みこころを得ては」——曲不明。

474 「公光と申す者なり」——前出。注181参照。

道阿——近江猿楽役者、犬王道阿弥。注19および本編序の「犬王」参照。

475 「松には風の音羽山」——観阿弥作、〈由良湊の曲舞〉にある句。65ページも参照。

476 「秋の野風にさそはれて」——喜阿弥作曲の謡物〈女郎花〉。65ページも参照。

477 開口——前出。注281参照。田楽の開口の実態はよくわかっていない。

478 望憶——前出。注124参照。

479 不明文——原文「ウラフツタツタトアアクル」。誤写があるらしく解釈が難しい部分。

480 「この馬、主の別れを惜しむと見えて」——『平家物語』巻九「浜軍の事」にみえる。

481 「頃は卯月二十日あまりのことなれば」——『平家物語』灌頂巻「大原御幸」の詞章。

482 上無調・下無調――十二律の最高音が上無、第五番目の音程が下無。これらを基音とした調子のこと。

483 用――体（基本）に対しての用（応用）。すなわち平調・盤渉調などの五調子が体で、無調はこれより派生した概念的な調子で、それを用としている。

484 足が利きすぎる――『風姿花伝』第三問答条々に、能役者の身使いの順位として、「第一　身を使ふ事、第二　手を使ふ事、第三　足を使ふ事なり。いかに手足利きたれども、身利かねば品・かかり相応せず」とある。身体全体の扱いが父観阿弥に及ばぬ、と老世阿弥は自戒の念を子に伝えたのである。

世阿弥略年譜

西暦	和年号	年齢	事項
一三六三	貞治二年	一	世阿弥誕生か（翌年とする説も）。父観阿弥は、三十一歳。
一三七四	応安七年	一二	観世座、京都今熊野にて大規模な能興行。将軍義満は猿楽の能を初めて観て、観阿弥等の芸を認める。
一三七八	永和四年	一六	六月七日、世阿弥、義満と同席して祇園会を見物。京の公卿らに批難される（後愚昧記）。
一三八四	至徳元年	二二	世阿弥、この年までに元服。観世三郎元清を名乗る。五月十九日、観阿弥五十二歳にて駿河国で没する（常楽記）。世阿弥、観世大夫になる。
一三九九	応永六年	三七	四月、世阿弥醍醐寺三宝院にて演能。義満臨席する。 五月、京都一条竹鼻にて勧進能興行。義満・将軍義持臨席する。

一四〇〇　応永七年　三八　『風姿花伝』、第三までなる。
一四〇六　応永一三年　四四　この頃、『花伝第七別紙口伝』成立か。
一四一三　応永二〇年　五一　世阿弥、京都北野にて七日間の勧進猿楽興行。
一四一八　応永二五年　五六　二月、『花習内抜書』成立。世阿弥は『花習』と題する伝書を著述していたようで、これは後に『花鏡』へと発展する。
六月、『花伝第七別紙口伝』を元次（世阿弥の子、元雅の初名か）に相伝する。
一四一九　応永二六年　五七　六月、『音曲声出口伝』なる。
一四二〇　応永二七年　五八　六月、『至花道』なる。
一四二二　応永二九年　六〇　世阿弥、この年の四月十八日以前に出家（満済准后日記）。法名、至翁善芳。元雅、観世大夫となる。
一四二三　応永三〇年　六一　二月、『三道』を元能に相伝。
一四二四　応永三一年　六二　四月、世阿弥、醍醐寺清滝宮の楽頭となる。
六月、『花鏡』を元雅に相伝。
一四二八　応永三五年（正長元年）　六六　三月、『六義』を金春禅竹に相伝。
四月・五月、元雅、醍醐寺清滝宮にて演能。

六月、『拾玉得花』を禅竹に相伝。
一四二九　正長二年　六七　三月、足利義教第六代将軍に就任する。
五月、義教は世阿弥父子の仙洞御所における演能を禁ずる。
一四三〇　永享二年　六八　三月、『習道書』なる。
（永享元年）
四月、義教の命により世阿弥の清滝宮楽頭職を剝奪される。後任は音阿弥。
十一月、元能、『申楽談儀』を編し、出家する。
同月、元雅、天河大弁財天社に尉面を奉納する。
一四三二　永享四年　七〇　正月、将軍邸にて世阿弥・元雅父子、能を舞う。
八月、元雅、伊勢安濃津にて急死する。
九月、『夢跡一紙』なる。
一四三三　永享五年　七一　三月、『却来花』なる。
一四三四　永享六年　七二　五月、世阿弥佐渡へ配流となる。
一四三六　永享八年　七四　二月、佐渡にて『金島書』なる。
一四四一　嘉吉元年　七九　六月、将軍義教、赤松満祐により殺害される。
一四四三　嘉吉三年　八一　世阿弥がこの年に没したとする説あり。世阿弥の忌日は八月八日。

参考資料

『申楽談儀』表章校注　岩波文庫　昭和35年
『世阿弥十六部集評釈』能勢朝次　岩波書店　昭和24年
『世阿弥芸術論集』（新潮日本古典集成）田中裕校注　新潮社　昭和51年
『世阿弥・禅竹』（日本思想大系新装版）表章、加藤周一校注　岩波書店　平成7年
『世阿弥能楽論集』小西甚一編訳　たちばな出版　平成16年
『校本　四座役者目録』（能楽史料第6編）田中允　わんや書店　昭和50年

水野 聡（みずのさとし）

神戸市出身。リクルート㈱、エイボン・プロダクツ㈱、日本ゲートウェイ㈱等の企業にて、マーケティング関連職、コンサルタント等をつとめる。二〇〇四年一月独立、能文社を設立。マーケティングプロデューサー、古典翻訳家。おもな訳書・著書に「強く生きる極意　五輪書」「現代語訳　風姿花伝」「現代語訳　歎異抄」（以上ＰＨＰエディターズ・グループ）、「葉隠　現代語全文完訳」、「南方録　現代語全文完訳」「山上宗二記　現代語完訳」「ものの見方が変わる。千利休の名言」「貞観政要（上）（下）」（以上能文社）、「図解 庭造法／本多錦吉郎」（マール社）等がある。趣味は謡・仕舞、居合道。

現代語訳　申楽談儀　世阿弥からのメッセージ

二〇一五年　一一月一一日　第一刷発行

著者――観世元能
訳者――水野 聡
発行者――檜 常正
発行所――株式会社　檜書店
〒一〇一―〇〇五二　東京都千代田区神田小川町二―一
TEL　〇三―三二九一―二四八八
FAX　〇三―三二九五―三五五四
URL　http://www.hinoki-shoten.co.jp

印刷・製本――モリモト印刷株式会社

ISBN 978-4-8279-0999-9　C0095

装幀――岡本洋平・坂本弓華（岡本デザイン室）

世阿弥のことば一〇〇選

監修 山中　玲子

さまざまな分野で活躍する著名人が選んだ世阿弥のことば。執筆者それぞれの視点で世阿弥のことばと向き合ったショートエッセイ集。

四六判 並製本　一六四頁　本体一、六〇〇円＋税

ISBN 978-4-8279-0994-4

【執筆者一覧】（五十音順）

秋吉久美子／天野文雄／有馬頼底／池坊由紀／石井倫子／いずみ玲／一噌庸二／内田樹／梅原猛／梅若玄祥／梅若万三郎／江崎敬三／大倉源次郎／大谷節子／岡本章／小田幸子／表きよし／柿原弘和／葛西聖司／片山幽雪／加藤精一／亀井広忠／観世清和／観世新九郎／観世銕之丞／観世元伯／観世喜之／北河原公敬／玄侑宗久／甲野善紀／小島章司／小玉祥子／小林健二／小松和彦／金剛永謹／近藤誠一／金春安明／齋藤孝／佐藤信／佐野史郎／シェリー・フェノ・クイン／高桑いづみ／高林白牛口二／多川俊映／竹本幹夫／田中優子／勅使河原茜／西野春雄／西本ゆか／野村萬／野村萬斎／萩岡松韻／馬場あき子／林望／坂東玉三郎／藤田六郎兵衛／宝生和英／松岡心平／黛まどか／三島元太郎／三宅晶子／宮本圭造／村尚也／村上湛／村瀬和子／茂木七左衞門／森常好／森下洋子／柳谷晃／籔内佐斗司／山折哲雄／山崎有一郎／山中玲子／山本東次郎／横尾忠則／渡辺保／渡邊守章